拿起筆開始寫，你的人生就會改變

國際暢銷作家教你如何寫出完滿人生

Adam J. Jackson
亞當・傑克遜　張馨方——譯

The Life Journal

How A Notebook & Pen Can Change Everything

The Life Journal is a book for anyone seeking change. Whatever your circumstances, whatever challenges you may be facing, and whatever your aspirations, bringing about significant and lasting change req nothing more than a notepad and pen.

「日記，是每天對於事件、經驗與觀察等的紀錄。」

——Dictionary.com

「如果你有心想成為富裕、強大、成熟、健康、有影響力、富有內涵與獨特的人，那就寫日記吧。」

——企業家、作家與勵志講師　吉姆・羅恩（Jim Rohn）

這本書跟任何書籍一樣，是作者與其他許多人的心力而成的集體著作。

我想感謝我的朋友與經紀人莎拉．曼古克（Sara Menguc）。如果沒有她的鼓勵與熱情，我不確定自己是否能夠完成這本書。

我也要感謝商周出版團隊對這本書的支持與承諾。

我也想感謝詹姆斯．潘貝克（James Pennebaker）教授，謝謝他慷慨抽空接受我的訪問。潘貝克教授是表達性寫作領域的巨擘，能夠得到他的評論與建議，我覺得非常榮幸。

感謝我的妻子凱倫（Karen），謝謝她在我寫作本書的這些年來持續給予支持與鼓勵，並且協助我編輯手稿。

此外，我也十分感謝我的姐姐維琪（Vicki），謝謝她與凱倫一起幫忙校對完稿。如果出版的書本裡還有任何的錯誤，都是因為我在截稿前仍不斷修改文字的關係。

最後，我想謝謝各位讀者選擇本書。希望這本書不會讓你們失望。

PART 1

生活日誌

PART

2

生活日誌的寫作計畫

【推薦序】

書寫，改造生活的儀式

林美琴
作家、讀寫教學培訓講師

寫作對多數人而言，是應試時的命題作文；對特定的人而言，是文學創作的途徑；或者，對某些人而言，是心情抒發的隨筆記錄，但對於本書的作者亞當・傑克遜而言，寫作是人生困境的療癒處方，是通往幸福快樂的人生指南，更是身心靈的保健良方，書中涵括了醫學、科學、心理學、社會學乃至生活日常各種寫作益處的連結，並提出達成上述療效的實踐方法——透過「生活日誌」的表達性書寫、一枝筆、一本筆記本，人生因而改變。

有治療師背景的作者以近三十年來眾多科學研究作為他寫作論述的強力佐證，例如：書中一再提及療癒書寫研究與實踐者詹姆斯・潘貝可的研究結果，說明書寫不一定是在某個特定的場合，或是專家、醫生執行的治療行為，透過每天十五到二十分鐘的表達書寫，寫自己的生活、體驗、想法及感受；三到四天後，即能發現書寫對於身心健康的顯著療效；除了可抒解心理壓力，對生理也有好處，它能改善記憶及睡眠，提高免疫細胞的活性。本書作者更延伸了寫作在工作、生活及教育面向的應用實例，並以各領域有影響力人士的寫作體驗及名言來激勵讀者，一再證實書寫的力量，進而介紹生活日誌的各種樣貌與寫作方法，從想寫到會寫，展開書寫的行動。

對於寫作者與教學者而言，書中言簡意賅且條理分明的論述深具說服力，並且可以依循書中具體、簡易的寫作指引立即上手，從生活表述到生命覺察，觀察生活的面貌，進而傾聽字裡行間的心音，究竟在渴望著什麼，壓抑了什麼……。寫著寫著，心裡的秩序逐漸重整，混亂的思緒得以清明，生命底蘊得以滋養，憤怒的情緒得以釋放，波濤洶湧的心境逐漸安撫為海天蔚藍，從忙、盲、茫的混沌的生活裡，發現自己的想望與追尋，循著明朗的路徑昂然前行。

如果你嚮往書中以寫作建構的人生面貌，那麼就從書中建議的生活日誌書寫開始，在生活與生命之間從容進出，在字裡行間裡檢視人生，找到正面的能量，也在生命的轉化與生活的改變中，迎接自己一次次的翻騰與更新。

【推薦序】

書寫，找到自己的幸福人生

施又熙 作家、書寫療癒講師

日記對許多人來說第一印象是流水帳或是自怨自艾的工具，然而，日記的本質是書寫、回憶與反思，許多我們當下無法理解的情緒與衝突，身在書寫療癒領域的我總是會建議大家先記錄下來，無關乎文筆的優美與否，只要如實地記錄下來，就會對自己的情緒產生莫大的協助。

曾經有一位學員經常性地與伴侶發生爭執，其實都是小事，但是彼此的情緒長久累積之後，一點星星小火即可觸發燎原之勢。訓練初始，學員也認為自己無法在衝突的當下暫且離場，但是在經過許多的練習之後，她可以在與親愛的丈夫發生爭論的時候，深吸口氣，退回書房記錄下整個過程與自己的真實情緒，自然是邊哭邊寫的；然而，幾個小時之後，心情恢復平靜，彼此雙方反而可以更好的討論剛才發生的事情。甚而，學員也可以在幾天之後，重新回顧自己的日記，看見自己當下錯過的一些情緒線索。

情緒，總是其來有自的，一不留神，稍縱即逝，書寫日記帶給我們回觀的機會，重新檢視自己的狀態。甚至，每隔一段時間回顧都會有新的發現，這即是成長的源頭。

過往，大家認為日記書寫是自我安慰，然而本書作者清楚地引用了科學研究證據來告訴我們書寫日記的重要性與好處，不但可以反省自我，更具有強化健康身心的能力，更值得一提的是，藉由書寫日記，創意得以實現，也因著解決自己的困擾議題後，增強了追求幸福的信心。幸福是每個人都想要，也需要的人生動力，然而幸福感也是可以由內在自我萌生的感受，並不一定要向外求，或是依靠別人提供。

追尋更美好的身心靈生活是可能的，只要相信，就可以做到，何不如同本書作者所說的，拿起筆開始寫吧！因為你的人生就會由此開始發生改變。

「我們可以讓環境主宰我們，或者我們可以讓心做主，自己決定怎麼過生活。」
——勵志演說家厄爾・南丁格爾（Earl Nightingale）

本書在講述一個簡單、卻又極其強大的個人成長工具，經科學研究證實，這項利器可以改變生活的每一個面向。它非常容易上手，每天只要花十五到二十分鐘，而且只需要一本筆記簿與一枝筆。

我第一次認識生活日誌（life journal）的概念，是在三十多年前。事後回想，我發現那是我生命中一段重要的時期。當時，我的母親突然過世，之後我面臨了人生的十字路口；我開始質疑自己選擇的工作、人際關係、價值觀與信仰，也飽受乾癬與支氣管炎等慢性疾病所苦；通常這種時候很多人會尋求幫助與指引，但是我沒有這麼做，反而開始書寫生活日誌。

生活日誌與日記不同，日記純粹是日常活動的真實敘述，而生活日誌則是我們對於自身經驗的內在感受與情緒探索，也是想法與觀念、目標與抱負的記錄。當時我二十幾歲，在那之前我從來沒有寫日記的習慣。直到讀了安東尼．羅賓斯（Anthony Robbins）寫的《激發心靈潛力》（*Unlimited Power*）之後，我才開始寫作人生中第一本生活日誌。羅賓斯主張將日誌作為設定與督促個人目標的主要工具。他在書中呼應心靈導師吉姆．羅恩（Jim Rohn）的觀點，表示「值得記錄的生活，才是值得過的人生。」這句話啟發了我開始書寫生活日誌，我希望透過日誌來理清自己的想法與目標，結果生活日誌的力量比我想的還要強大。

起初，我寫日誌只是記錄自己的想法與目標。後來，我發現生活日誌也可以是非常有效的治療形式。當時我不知道就在我開始寫日誌的幾年前，德州大學心理系教授詹姆斯．潘貝克（James W Pennebaker）首度開創了表達性寫作法。這種寫作方式指的是，連續四或五天，每天進行十五分鐘簡單的寫作。表達性寫作法雖然實行容易、時間短暫，卻能創造驚人的結果，為健康帶來許多益處。

以我而言，生活日誌無疑幫我了一把，引領我度過人生中一些黑暗與艱困的時刻。然而，過去的三十年裡，科學研究顯示生活日誌以驚人的方式改變我們，就連抱持懷疑精神的科學家也感到訝異。我解釋這一點的時候，多數人都覺得不可思議——有些人甚至還不敢置信，生活日誌可以透過這麼多種方式來改變我們的生活。

一本筆記簿與一枝筆，怎麼可能深刻且持久地改善我們的生理與心理健康？生活日誌如何提升我們的工作效能？它又是經由哪些方式與機制來影響我們的生活？

接下來的篇幅中，我們將會回答這些問題，也會解答其他疑問。我們將討論養成寫作日誌的習慣，如何、以及為何可以改變生活中的每一個面向。我們將探究，為什麼寫日誌——即使一天只花十五分鐘——可以徹底改變身體的化學機制、增加白血球的數量、減少壓力荷爾蒙、降低血壓，大幅改善身體主要系統的功能，以及增進心臟、肝臟與肺臟等主要器官的運作。學者們經由各種測試，包含蒐集與監測血液與尿液樣本、免疫標記與荷爾蒙指數、血壓，甚至透過核磁共振造影來研究腦部活動，證明了寫日誌的影響比他們想像的還要強大。邁阿密大學心理系教授愛德華．莫瑞（Edward J. Murray）即為其中一位，他表示，「寫作帶來的療效比起心理治療毫不遜色。」除了促進情緒與生理的健康之外，我們也將檢視寫日誌還會帶來哪些影響，以及探討生活日誌如何大幅提升我們的工作記憶[1]（working memory），並且促進睡眠品質；研究為什麼寫日誌的大學生在課業成績上的表現，比不寫日誌的同儕還要出色；以及為什麼生活日誌可以使人在工作上的表現與產能最高可達到百分之三十的進步。

今日，將近數百篇已發表的論文構成了全面的研究，它們一致表明日誌可以在所有的生活面向中，促成迅速與持久的正面改變。以有潛力改變生活許多層面（生理、情緒、心理，甚至精神）的工具而言，我認為生活日誌是無可匹敵的。沒有任何生活技能比日記寫作能更重要的掌握，也沒有任何個人發展課程可以與生活日誌在眾多生活面向中促成持久、正面的改變相比。

本書分成兩個部分，第一部分檢視日誌寫作背後的科學，並研究生活日誌以哪些方式、以及為什麼能夠改變你的生活。這個部分探索各種寫作模型的歷史、理論與實質性研究，包含表達性、反思性與治療性的寫作，洞察使日誌成為有力、變革性工具的各種機制。第二部分包含容易理解的實用指南，並且說明經實證為有效的特定寫作練習，以及常見的生活日誌寫作技巧。不同於其他關於日誌寫作的書籍，這些方法有科學為證，受到專家的推薦，而且運用於科學對照研究。

我寫這本書，不只是為了概述生活日誌的性質與解釋各種有益的寫作技巧，而是為了更高遠的目標。我希望各位讀完這本書之後，至少都會感到好奇（甚至得到靈感），想拿起筆在筆記本上書寫，體會生活日誌的絕妙好處。

亞當・傑克森 Adam J. Jackson

於二〇一七年十二月

1 記憶在大腦中運作的歷程。中央執行系統接收來自外界的視覺、聽覺等訊息後，將這些訊息儲存於長期記憶中，當個體需要使用某些訊息時，中央執行系統再從長期記憶中提取訊息。

知人者智，自知者明；勝人者有力，自勝者強。
——老子，《道德經》

你為什麼要寫生活日誌？人們經常這麼問我。這是一個合理的問題。怎麼會有人願意每天花時間寫永遠不會有人看的東西？把寫作的時間拿來做其他事不是更好？如果把時間花在看書、放鬆或喜歡的活動上會更有收穫，又何必每天浪費寶貴的時間寫日記？

其實，寫日記絕對不是浪費時間的事，而是我們可以學著從事的最有益的活動之一。研究顯示，在日常生活中，習慣寫日記的人通常遠比不寫日記的人還要具有生產力。這有許多原因，像是寫日記可促進工作記憶、以及讓我們無論做什麼都能更專心等等。此外，如我們將在這本書中看到的，寫日記可以將完成目標的可能性提升高達百分之五十！

人們寫作日誌的原因各有不同；有些人一開始是出於靈感，隨手寫下人生的目標與夢想。他們記下自己想到的點子、觀察到的事物及學到的東西。有些人則是因為絕望而開始寫作。很多人發現，寫日記可以幫助他們更了解自己與內心的感受。如老子所言，「知人者智，自知者明。」今日，科學家證明寫作日誌可以使我們更加認識自己、了解內在的感受，而這個活動與傳統的心理治療及諮商一樣，可以有效幫助人們解決與克服困境。

我寫日記純粹是因為這可以充實我的生活。開始寫日記之後，我發現自己變得更平靜、更放鬆，注意力更加集中，也更能保持警覺。我的心靈不像之前那樣混亂，因為現在我如果有任何恐懼或不安，都能在日誌裡宣洩出來，而且我也比以往更能專心，因為我知道什麼是重要的事情。我也確信自己在寫作日誌的期間，身體變得更健康、更感到幸福絕非巧合；而這樣的看法也得到臨床研究的證實。

我寫作日誌的經驗一點也不特別。相反地，研究指出，大多數採取特定日記寫作技巧的人都有極為相似、正面的經驗。寫下想法與感受、或是記錄點子、抱負與目標等簡單的動作，可以為我們的身心健康帶來深刻與持久的影響，這個事實至今仍讓我覺得不可思議。如我們將在本書章節中所探討的，寫日記有助於調節血壓、減少壓力荷爾蒙、增加白血球與緩解疼痛。這個活動讓人變得更快樂、更專注，並且擁有更強大的工作記憶。如果你停下腳步仔細想想，便會發現個人日誌可以賦予生活的力量確實令人嘖嘖稱奇。

那麼，我在自己的日誌裡都寫些什麼？之前那些年，尤其是我剛開始寫日記的時候，我會記下自己的目標、想法、感受、希望與恐懼。然而，隨著時間過去，我對與日俱增的正向心理學與寫作治療的相關研究感到著迷。我養成寫作感恩日誌的習慣，強迫自己用短短幾行字記錄生活中感謝的事物。這個簡單技巧可以防止你將周遭的事物視為理所當然，而據我所知，沒有其他活動可以像感恩日誌一樣如此增進幸福與滿足的感受。

在每天的日誌裡，我也會簡短寫下肯定自己的話語，一整天都以此自我激勵。自我肯定已被證明有助於消除周遭的負面影響。我也經常利用日誌來追蹤身體的症狀，以找出有害健康的飲食與生活習慣。此外，我也因為寫作日誌的關係，能夠更有效地管理時間，並確保靈光乍現的點子不會一去不復返。

有必要每天寫日記嗎？我認為，當然不必每天都寫。一些研究證實，只要連續寫作四、五天，就足以引起重大且持久的變化。關於感恩日誌功用的研究也表明，一週寫作一次，就能大幅提升幸福感。然而，某些類型的日記會需要更加勤勞與持續的寫作。如果你正在追蹤健康症狀或寫作食物日誌，便需要持續記錄每天實際攝取的熱量。

儘管如此，對我而言，寫日記已經成為終生的習慣，這就跟我每天洗臉、刷牙或沉思等例行公事一樣。不過，我也曾經為了某些原因好幾天、甚至好幾個星期沒寫日記。

在許多方面，寫日記跟運動很像；你不做，就不會有效果。當然，如果你積極實行，就會得到許多好處。寫作生活日誌的過程中，你會對自己、生活與存在的意義更有自信。

生活日誌對我而言最重大的意義之一，是它讓我有機會反省自己一天下來哪些事做得好、哪些事做不好與哪些事需要改進；而最重要的是，我會記得自己從每天的生活經驗中習取的教訓。

日記寫作的反思面向——回顧與分析一天的想法與行為——受到許多禁慾主義者所提倡。禁慾主義是希臘哲學的一門學派，將美德奉為至善。對禁慾主義者而言，智者與大自然和諧共處，有美德的生活就是美好的生活，而美德要透過實用的智慧、勇氣、節制與正義來追求。

最能洞悉禁慾主義的著作之一是《沉思錄》（*Meditations*）——「羅馬五賢帝」的最後一位馬可・奧里略（Marcus Aurelius）寫作的十二卷書。奧里略是公認歷史上最偉大、睿智、清廉與仁慈的領袖之一。《沉思錄》與《道德經》一樣，也包含深刻而雋永的智慧，肯定能引起讀者的共鳴。然而，值得注意的是，馬可・奧里略從來不曾打算讓任何人閱讀《沉思錄》，更別說是公諸於世了。如今，《沉思錄》是有史以來最偉大的文學著作之一，但這不是寫給大眾看的書籍。這是奧里略皇帝的生活日誌。他為自己寫作，自己就是讀者。這是他確保忠於自我與致力奉行的禁慾理想的方式。

對我而言，關於寫作生活日誌所帶來的力量，《沉思錄》蘊含了或許是最重要的一課。同樣的道理也可見於達文西的日誌與安妮·法蘭克的日記。這說明驅使人們持續寫日記的關鍵原因。我們正是因為想努力成為更好的人，才能成為現在的自己、過著富有意義與目標的生活。有了日記，生活將會變得更加充實、快樂、健康與成功，而且更有價值與意義。

亞當·傑克森 Adam J. Jackson

於二〇一八年九月

PART 1

生活日誌

記住：一本書、一枝筆、一個孩子與一位老師，
就能改變世界。

——最年輕的諾貝爾和平獎得主　馬拉拉·優薩福扎伊
（Malala Yousafzai）

第一章

價值三千萬美元的日誌

爲何生活日誌是個人持續成長的關鍵

「我很久以前就注意到，成功的人很少等待機會來臨。他們總是主動創造機會。」

——達文西

一九九四年十一月十一日，億萬富翁、微軟公司的創辦人比爾・蓋茲（Bill Gates）在拍賣會上，以三千零八十萬美金的高價標得了一本有五百年歷史的日誌。這本令比爾・蓋茲引以為傲、篇幅多達一萬三千頁的日誌手稿，獨特地洞悉了一個男人的生命與心靈，他就是被公認為舉世無雙——無論是他的一生或綜觀歷史——的天才李奧納多·達文西（Leonardo da Vinci）。乍看之下，達文西的日誌像是用密碼寫成的。所有的文字與句子都是反向的書寫，也就是從右到左，意味著只有透過鏡像才能窺見其義。達文西為什麼選擇以這種方式寫筆記，眾說紛紜。有人認為他是左撇子，因此從右往左書寫可以盡可能避免手沾到墨水；一些人則認為他反向書寫是為了不讓這些內容受到天主教會的審查。

可以確定的是，達文西在日誌中記錄的點子、想法、發明與科學突破，即便在二十一世紀的今日，有大部分依舊令多數受人尊敬的科學家、工程師與藝術家讚嘆不已。這份手稿的內容包含精細的圖畫與數個世紀後成真的構想，譬如直升機、坦克、太陽能收集板，甚至還有電子計算機的概念。經過四百年與工業革命，全世界才得以將這些構思轉變成今日無人不知的發明。

雖然達文西所有的構想、發明與發現均十分傑出，但是與人類生活最相關的事物可能並不是這本日誌的內容，而是手稿所代表的意義。達文西本能地意識到，記錄生活經驗與創造和探索想法的重要性。

如同許多寫日記的人，達文西把自己的日誌看得比任何其他事物還重要，而且終生都持續不懈地寫作。這份手稿可供後人從獨一無二的角度洞察達文西的思想，但日誌本身才是他最偉大的遺產，因為這證明了寫日記的行為對於他所做的每一件事，意義非凡。簡單來說，達文西的日誌之所以是他最偉大的遺產，是因為這份筆記揭露了科學界直到幾十年前才發現的事物；這是一本握有個人轉變關鍵的日誌。

> **「你的責任是探索自己的世界，然後全心全意投入其中。」**
>
> ——佛陀

簡略回顧歷史上一些最具影響力的人物的一生，我們會發現達文西並不是唯一一個體認寫日記會帶來深遠影響的人。許多偉大的戰士、領袖、哲學家、藝術家與科學家，終其一生都有寫日記的習慣，例如：

馬可仕・奧里略（Marcus Aurelius）——著名的羅馬將軍。

湯瑪斯・愛迪生（Thomas Edison）——可說是史上最偉大的發明家。

查爾斯・達爾文（Charles Darwin）——進化論發明者。

卡爾・榮格（Carl Jung）——知名心理治療師。

西格蒙德・佛洛伊德（Sigmund Freud）——精神分析學說創立者。

亞伯特・愛因斯坦（Albert Einstein）——二十世紀最著名的物理學家。

許多位美國總統，包含喬治・華盛頓（George Washington）、班傑明・富蘭克林

（Benjamin Franklin）、約翰・昆西・亞當斯（John Quincy Adams）、湯瑪斯・傑佛遜（Thomas Jefferson）及哈利・杜魯門（Harry S. Truman）。

溫斯頓・邱吉爾（Winston Churchill）——二次世界大戰時的英國首相。

馬克・吐溫（Mark Twain）——美國知名小說家。

路德維希・范・貝多芬（Ludwig van Beethoven）——世界最頂尖的作曲家之一。

這份名單可以無止盡地列下去，這些擁有非凡生活的不凡人士大多都有寫日記的習慣。不過，個人日記究竟有什麼魅力，讓這些人必得在日常生活中找時間坐下來好好書寫？

> 「寫日記的習慣將會以你從未想過的方式，徹底改變你的生活。」
>
> ——歐普拉・溫弗瑞（Oprah Winfrey）

當你坐下來，在紙上宣洩自己的思想、感受與觀察，以及內心深處的想法，神奇的事情就會發生。書寫這個行為似乎會觸發作者內心的量子轉變，進而帶來不可思議的變化——不論是情緒、生理、智力或是精神方面。

我們知道歷史上許多最傑出的男性與女性——偉大的思想家與具影響力的領

袖——全都有寫日記的習慣。然而，一個必然的問題是，寫日記只是偉大人物的傾向，還是某些平凡人成就卓越的催化劑？對於這些問題，科學界正在努力解答。

> 「關於寫作為什麼如此有效，如果你期待得到清楚且簡單的解釋，我們有個壞消息要告訴你：原因不只一個。」——傑米・潘貝克（Jamie Pennebaker）與鍾辛蒂（Cindy K. Chung），〈表達性寫作：與生理和心理健康的關聯〉（*Expressive writing: connections to physical and mental health*）

書寫時，我們的大腦額葉區會受到刺激而變得活躍。這個部位負責進階的心理功能，例如動機、解決問題、自發性、語言、主動性、判斷、計畫、社交行為、表達與記憶。核磁共振造影的檢測結果證實，人在書寫時額葉會呈現重大的活躍性增加，這有助於解釋為何書寫是幫助人們從許多形式的腦部傷害中復原的強大治療工具。

大腦額葉也是主掌意識處理與記憶資訊的區域，而這幾乎可以確定是，寫作有助我們更輕鬆地學習與記憶事物的因素。也許這也能解釋，在時間管理上，書寫為何能發揮大幅超越電腦程式的功用，以及為何這項活動通常能提升百分之二十至三十的工作效率與產能。

▼寫作心理學

雖然核磁共振造影的掃描顯示，寫作如何刺激我們的大腦活動，尤其是額葉的活躍度，而科學家也承認這或許至少能解釋書寫對心理與神經的運作過程，產生重大影響的部分原因，但他們確實無法簡單說明可歸因於書寫的諸多好處。換句話說，有好幾項理論闡述書寫日誌以哪些方式與原因，影響我們的生活。

純粹以心理學的角度來看，寫日誌可以透過幾種過程來引起改變：

一、生活日誌可以消除負面情緒

許多心理學家都認為一直陷在憤怒、憎恨、厭惡與恐懼等負面情緒裡，是非常有害的。負面的情緒會導致免疫系統減弱、心血管系統受損，進而縮短壽命。這正是我們必須想辦法釋放情緒的原因。心理學家把這種行為稱作「情緒發洩」（emotional catharsis）。

佛洛伊德的同事約瑟夫·布洛伊爾（Josef Breuer，一八四二至一九二五年）發明淨化治療法（cathartic treatment），利用催眠幫助極度沮喪的病患。布洛伊爾發現，病患在被催眠的狀態下能夠回想受創的經驗，而不會感到壓抑或恐懼。讓病患進入恍惚狀態，可以促使他們說出從未與任何人談論過的經驗。他們會表露壓抑多年的情緒，其中一些人則回想起童年。而布洛伊爾也注意到，在治療的會面後，病患的情況大幅改善，呼吸變得更順暢、走路更自在。病患也表示自己感覺壓力減輕不少，甚至有些人的症狀會完全消失。

目前，有大量研究顯示，人在宣洩憂慮的情緒時——無論對醫生或是知心好友，一般都會大幅提升生理與心理的健康。

寫作日記大致上也有這種功用。記錄感受是一種非常有利發洩的過程，而這麼做大多都會產生效果，有時作用還超越了傳統的諮詢或精神治療。利用日記抒發情緒與發洩怒氣和挫折感，可以避免內在的負面情緒惡化而失控。《給自己的日記》（*Journal to the Self*）一書的作者凱瑟琳．亞當斯（Kathleen Adams），將自己的日記稱為「百分之七十九的治療師」：

「近三十年來，我都看同一個治療師。我經常打給治療師——在半夜三點、婚禮當天、寒冷寂寞的聖誕夜、大溪地波拉波拉島的沙灘上以及牙科診療室裡，我什麼事情都跟治療師說。」她說，「治療師會安靜地聽我訴說心中最深沉的黑暗面、最詭異的奇想和最珍貴的夢想。我可以大叫、啜泣、痛苦掙扎、暴怒、狂喜、火冒三丈、歡欣鼓舞；也可以開玩笑、挖苦、反省、指責、諷刺、無助、聰明、感傷、感性、譏諷、有靈感、堅持己見或粗俗無禮。我的治療師接受我的所有情緒，不做任何批評、判斷或報復。」

寫作日記可以讓我們面對與反思，我們不論在潛意識或意識裡，都傾向壓抑與鎖在內心深處的想法與感受，但是被壓抑的情緒永遠不會遠離我們的意識思維。任何受到壓抑的想法或情緒會不斷試圖冒出頭來，我們的潛意識永遠無法擺脫它們。儘管我們試著忽略這些情緒，它們依然能夠影響我們的言行與思想。更糟的是，為了不讓它們不斷入侵意識，我們還得付出大量精力去控制心理與情緒。這有點像是有某個你不想看見或說話的人猛敲你的門。你可以待在房間的一角、離門遠遠的，也可以摀住耳朵，但他仍會不停地敲門。敲門的聲音可能會逐漸減弱、最後幾乎聽不見；但你愈放任不管，它就會變得愈大聲。你可以試著把注意力轉移到其他的事物上，不過敲門的聲音不會停止，除非你把門打開。

科學家將這種受壓抑的負面情緒持續讓人心神不得安寧的現象，稱為「侵入性」（intrusive）想法。這些內化的衝突雖然懸而未解，卻可以使我們難以專心處理生活中的任何事情。這有損我們在任何活動中的表現，而且會削弱我們學習、記憶與檢視周遭事物的能力。

基於以上原因，假如我們抑制負面情緒，就永遠不會感到真正的快樂或平靜。這麼一來，我們的健康與幸福必然會面臨不良後果；我們的血壓會升高、肌肉變得緊繃，導致乳酸過量、血流不順，壓力荷爾蒙遍佈全身。大家都知道這些反應會造成或引發多種慢性、退化性與危害生命的重大疾病。

二、生活日誌讓我們反省、分析與理解人生經驗

在可用於隨意宣洩焦慮、內心處理感受與經驗的各種方法中，將想法與情緒寫在紙上，是最簡單也最有效的方式之一。根據詹姆斯・潘貝克教授的說法，表達性寫作是一種「自然的人性，可以幫助個人了解自身的經驗與自我」。潘貝克教授指出，「寫作自己的經驗，可以促成決心，進而減少反芻思考（rumination）的時間。」也就是說，當我們對自己的經驗能有某種理解時，那些事件便不會再占據我們的內心。寫作讓我們有意識地分析與反省生活中發生的事情。心理學家將這個行為稱為「認知過程」（cognitive processing）。我們回顧與反省創傷經驗時，這個過程必定會導向自我發現。表達性寫作可以創造關於經驗與感受的敘述；如果你願意的話，還能建構故事，而這麼做通常能使我們更加了解自己的生活。正是這種敘述，讓我們得以在生活經驗中找到意義。

三、反覆接觸生活上的問題，可以減少傷害

反覆書寫令人痛苦、受創的事件，可以減少我們想起這些事件時會聯想到的強烈傷痛感。就如同人體不斷暴露在冰冷的環境中，疼痛的感覺會逐漸麻痺，假使我們不斷回想過往的情緒創傷，也能緩解隨之而來的痛苦。

這個概念很簡單；讓病患不斷接觸令他們感到焦慮的物品或環境，例如，讓蜘蛛恐懼症的患者透過漸進、反覆的方式去面對蜘蛛。這樣的治療應該在安全、受到控制的環境中進行，隨著時間過去，患者的恐懼感與焦慮感就會減輕。到了最後，原本看到家政蜘蛛就嚇得兩腿發軟的患者，在面對狼蛛時，甚至還能冷靜地用手把牠抓起來。

這個方式已經用於幫助人們克服各種恐懼症。除了蜘蛛恐懼症，它還可用來治療對蛇、老鼠、乘坐飛機、幽閉空間及陌生環境等的恐懼症。無論是哪一種恐懼症，病患在安全的環境下，反覆、漸進地接觸害怕的物品或情況，一般都能減緩相關的畏懼感。

焦慮研究與治療中心（Center for the Treatment and Study of Anxiety）主任埃德娜・福艾（Edna B Foa）博士利用這個反覆接觸的原則，發展出一種新的治療形式。而在過去二十年中，這種形式成為治療慢性創傷後壓力症候群及相關的沮喪、焦慮、憤怒與恐懼症等，最有效的方法之一。

對於慢性焦慮症相關的複雜情緒問題，「延長暴露療法」（Prolonged Exposure Therapy，PET）起初看來似乎是非常粗暴且過於簡單的處理方式。然而，過去二十年來，科學家發現延長暴露療法十分有效。每五個慢性創傷後壓力症候群的患者中，就有四位在接受延長暴露治療之後，在臨床上有大幅進步。而今日，行為治療師也廣泛利用這項方式來治療各種焦慮症，包含強暴、攻擊、家暴、打架、車禍與天災等嚴重創傷所引起的情緒障礙。

除了可以有效治癒焦慮症之外，延長暴露療法也有助於避免慢性的心理疾病，經常用來阻止創傷發展成一發不可收拾的創傷後壓力症候群。

寫作日誌的行為也有同樣的效用。正如反覆接觸恐懼源可以減少恐懼症的影響，不斷書寫關於恐懼與焦慮的事情，也能緩解這些情緒的威脅性，直到它們完全消失為止。

除了與寫作日誌相關的心理過程，有力證據也指出養成寫日誌的習慣，可以觸及更深的生活層面，也就是有些人所稱的「精神」層次。

四、生活日誌可以讓我們貼近「內在的聲音」

寫作日誌時，我們開啟與自我的內在對話。我們能聽到內心的聲音，而這個聲音經常被數位經濟的忙亂步調所掩蓋或壓抑。只要踏上世界任何一個大城市的火車，或是在繁忙的街道上散步，很難不去注意有這麼多人的日常生活都專注在一台又一台的手機、平板等電子產品上，聽音樂、玩遊戲、看影片、在社群媒體上留言、追蹤別人的近況和傳訊息。

生活日誌可以重新牽起我們與內在聲音的連結。它成為一種日常冥想的形式，讓人在書寫的幾分鐘裡，感覺周遭的世界寂靜無聲。書寫時，我們的心靈變得平靜，即便只有一下子的時間。我們脫離了周遭的環境，專注於內心，體會從未有過的平和感、心靈的澄淨與自我意識，而這些可使我們在現代世界的匆忙節奏中脫穎而出。

五、生活日誌是自我肯定的平台

自我肯定是生活日誌另一個簡單卻十分有力的元素，也經研究證實可大幅改變人們的生活。當中的關鍵在於個人書寫的、對自己與為自己所寫的正面敘述，可以顛覆我們看待自己與自己在世界上的意義的方式。這些肯定的敘述也能形成一道牆作為心理防衛的機制，幫助我們面對創傷與壓力。例如，假使有人試圖以自私或不為他人著想的標籤來定義你，你可以肯定自己「是和善與關心別人的人」，以自我保護與減緩內心受到的衝擊。

心理學家傑佛瑞・科恩（Geoffrey Cohen）與大衛・謝爾曼（David Sherman）在他們共同發表的論文〈改變的心理學：自我肯定與社交心理介入〉（*The Psychology of Change: Self-Affirmation and Social Psychological Intervention*）中，舉出證明自我肯定具

有治療效果的有力案例，揭露它帶來的各種心理與生理益處。這篇論文指出，自我肯定可減緩壓力、提升課業表現，甚至促進身心健康。

經過研究證明，自我肯定可以增強自尊心，因為我們在書寫自我肯定的敘述時（譬如，渴望成為哪一種人、認為自己在家人與朋友心中有多重要，或是有多麼重視幽默、同情心與同理心），是在肯定自己，並且加深自我及生活中最重要的事物在心目中的意義。

科恩與謝爾曼主張，人們不渴求他人的讚美或欽佩，而是在尋找值得受到讚美與欽佩的感覺。他們表示，「比起獎勵與讚美，人們更重視透過有意義的行為、想法與感受來彰顯完整自我的機會。」我們都在尋求證明自我價值的感受，一種自己的存在舉足輕重的感受，而自我肯定正是有助於得到這種感受的工具。

除了改善心理與生理健康之外，自我肯定還可以顯著提升工作效能。因為人們開始肯定自我之後，通常會更加專注在每天的任務上，因此生產力會提高。此外，科學家也觀察到人們練習自我肯定時，批判性與創意思考的能力也會躍進，他們變得更有自信更懂得運用資源，面對壓力時也展現更大的韌性。以社會層面而言，自我肯定可以幫助人們建立連結，因此能夠肯定自我的人，人際關係也會有所進展。

六、生活日誌是將創意具象化的過程

具象化是一種想像渴望的狀態或結果的技巧。壓力來臨時，我們可能會想像自己處於安全或快樂的地方，以保持冷靜。頂尖的業務通常會在做簡報之前，想像自己順利談成生意；而優秀的運動員則會在比賽之前，想像自己贏得勝利。

具象化並不是新的概念；它可以追溯至數千年前，而且一直以來可見於許多古代的精神儀式中。舉例來說，在藏傳佛教裡，信徒會藉由複雜的具象化（觀想）來領悟佛性。然而在現代，科學家指出具象化的過程對生活影響深遠。學者們發現具象化可以幫助我們建立自信與自尊、克服恐懼、緩解壓力與焦慮、降低血壓及減輕痛苦。另外有極具說服力的證據顯示，透過具象化的過程，大學生在學業上會有較優異的成績；還有無數的研究指出具象化可大幅提升運動的表現。

關於具象化可以促進運動表現的研究，一九八四年有一個對參加奧運的蘇聯運動員進行的實驗即為一例。受試者分為四組，每一組接受不同的訓練方式。實驗以第一組為對照基準，這組的運動員進行正常的標準體能訓練；第二組則花百分之七十五的時間進行標準體能訓練，另外百分之二十五的時間用來練習具象化的技巧；第三組的標準體能訓練調整為百分之五十的時間，另外一半用來進行具象化的練習；最後一組則花百分之七十五的時間在具象化的活動上，其餘百分之二十五的時間接受體能訓練。

研究人員監測運動員的體能表現，結果令人驚訝；資料顯示，其中一組的表現超越其他三組。出乎許多研究人員的意料，表現位居第一的是第四組，這組的運動員花最少的時間進行體能訓練，大部分的時間都用來練習具象化。

之後，其他國家進行的研究也證實，具象化的確可為蘇聯運動員帶來益處。對籃球員、武術家與舉重選手進行同樣的實驗，也全都呈現相似的結果。雖然這聽起來很不可思議，但具象化不只能讓人的心靈更加堅強，也使我們的體格變得更強壯。這是因為具象化對大腦接受器所引起的回應，幾乎與它在物質世界中造成的反應相同。二〇〇四年發表的一項研究中，科學家發現受試者依照要求去想像使用特定部位的肌肉，而這種焦點具象化的技巧，使肌肉增加了高達百分之三十五的強度。

具象化說明了（至少部分是如此）日記為什麼會對寫作者產生深刻的影響；寫作的過程是高度專注的具象化行為，受內心最深處的情緒以及想法、夢想與渴望所引導。文字能夠喚起影像，就如我們之前提到的，那些影像可以影響我們的心靈與身體，而影響的方式是我們直到近年才有辦法想像的。

七、生活日誌與思考的力量

想法的威力極其強大，比我們願意承認的還要驚人。想法並不是抽象或虛無的，它是真正的實體，或者更具體來說是大腦電脈衝觸發了微爆能量。這些脈衝就像微小的磁鐵一樣，影響我們思考、表達與身體力行的每一件事。無論好或壞，我們的想法都跟吃下肚的食物一樣會影響身體的化學機制，而它們的作用甚至比食物還大。只要一個想法就能激起一連串的反應，導致身體的化學機制立刻產生變化。憤怒、激烈的想法會引起各種有害的化學變化；身體會分泌壓力荷爾蒙、生成代謝酸並消耗重要的抗體。因為焦慮與負面情緒而備感壓力、疲倦不振時，我們容易出現與酸性體質和發炎反應有關的疾病，譬如胃潰瘍、大腸激躁症、痛風、關節炎、偏頭痛與濕疹和乾癬等皮膚病。

研究表明，只要短短五分鐘的暴怒，免疫系統就會有六個多小時都受到抑制！如果五分鐘的憤怒感受能引發這麼多的傷害，我們可以想像，假設有好幾天、數個月，甚至數年，都帶著生氣、憎恨與不滿的感受，會造成哪些潛在的影響。「發怒與厭惡的感受會在心理、身體與靈魂中愈積愈多，危害身體的器官與自然過程。」哈佛大學畢業的心臟病學家辛西亞・塔克（Cynthia Thaik）博士警告，「你有可能遭受他人的憤怒與憎恨，也可能對他人感到憤怒與憎恨，無論是哪一種情況，當你讓這些負面情緒控制自己時，你就輸了。」

當然，好消息是，充滿關愛、和平與快樂的想法可以為身體的化學機制帶來有益、促進健康的改變。因此，我們感覺放鬆與平靜時，身體會變得比較健康，而如前述等的生理疾病在沒有其他干擾下，也必定能逐漸痊癒，有時甚至會完全康復。

生活日誌使我們得以反思與探索自己對於生活中重要事物的想法與情緒。這麼一來，我們能夠更清楚地意識到自己的感受、更用心過生活、反省經驗、宣洩負面情緒，並且專注在正面與有益的想法上。

「你今日所處的位置，是你的思維帶你來的；明日會在何處，也將取決於你的思維。」

——詹姆斯．艾倫（James Allen）

以上列的七個過程，全是日記寫作的要素，它們解釋寫日記可以影響人的情緒、心理與生理的一些方式；也讓我們深入了解寫日記的行為透過哪些機制而對生活造成重大影響。

寫作日記除了能改善生理與情緒健康，學者們也發現生活日誌可以增進工作記憶——處理每天任務所需的短期記憶。例如，上一次你走進房間突然忘記自己為什麼要去那裡，是什麼時候的事？多數人偶爾都會遇到這種情況。它可以在任何時間、任何地點發生。我們的工作記憶受到抑制而無法專注的原因，在於心理學家所稱的「侵入性想法」。一般而言，這指的是煩惱、憂慮與不安的感受。有研究顯示寫日記可以大幅減少這些侵入性想法，這麼一來，我們就能更加投入日常生活。這也是為什麼保持寫日記的習慣，可以明顯提升人們的工作表現與產能。

關於生活日誌最重要的一點，或許不是敘述日常生活、記錄經驗與感受或個人的觀察，它不只描述生活故事，也能塑造生活。它是功用廣泛的工具，能夠影響我們未來的人生。

近幾十年來，世界各地的學者們發現，寫作日記可以為生活中幾乎所有面向帶來具體、可預測且大多重要的結果。這些結果讓所有研究人類活動領域的科學家們感到驚嘆，而且不得不質疑關於人類潛能的既有理論。

在個人發展的領域中，寫作日記已被證實具有非常大的影響。科學家也指出書寫生活日誌可以：

- 提升溝通技巧，鞏固人際關係。
- 幫助排解失落與悲傷的感受。
- 舒緩焦慮。
- 釐清抱負與野心。
- 增進工作記憶。

- 發展獨立思考的能力。
- 提升自尊與自我形象。
- 激勵與幫助學習。
- 促進寫作技巧。
- 提高課業成績。

在商業領域，寫作日記經研究發現可以：

- 提高業績與利潤。
- 減少曠職率。
- 促進產能。
- 幫助被裁員者更快找到新工作。

就健康而言，寫作日記的影響也不容小覷，它可以：

- 提升肝功能。
- 強化免疫系統。
- 減少高血壓。

- 促進肺部功能，並減少氣喘症狀。
- 有助於緩解壓力與憂鬱。
- 有助病人對抗慢性或重大疾病。
- 有助減重。
- 有助戒掉酒精與藥物成癮。
- 促進術後修復。
- 減少術後住院的天數。
- 提高睡眠品質與時間，減少睡眠障礙。
- 減少挫折感。
- 舒緩痛苦的感受。

這項研究開始在各大媒體上曝光，寫作日記的行為也迅速成為備受討論的療癒模式之一。有愈來愈多的醫生建議病人寫日記，尤其是慢性或重大疾病的患者。在個人發展的領域中，生活日誌被公認為最實用的工具之一，可以幫助我們發揮潛力，更有可能達到渴望的成功。

此外，也有愈來愈多學校與大學鼓勵學生寫私人日記，以幫助學生增進學業成績。

這是因為有證據指出，寫作私人日記有助各個年齡層的兒童發展學習技能、記憶與創意。在醫學與教育領域之外，生活日誌也愈來愈受到歡迎。頂尖的運動教練會要求選手在日常生活中維持寫日記的習慣，以增進運動表現。而在商業界，生活日誌經常用於協助提升效率、產能與利潤。

在所有關於生活日誌的好處之中，最引人注目的是引起改變的速度。多項獨立研究顯示，大多數的人持續寫作日記，四到五天內就會察覺到正向的變化。此外，很多人即使不再寫日記，之前觀察到的變化也能持續好幾個月，有些甚至可以維持好幾年。

第二章

走出憂鬱

爲何生活日誌有助於擺脫沮喪

「日復一日，日復一日，我們卡住了，沒有任何呼吸與動靜；就像畫裡的船在海上停滯不動。」

——塞繆爾．泰勒．柯勒律治（Samuel Taylor Coleridge），《老水手之歌》（*The Rime of the Ancient Mariner*）

古代洋流地圖描繪赤道以北的大西洋、太平洋與印度洋地區，都是最令人畏懼的海域。這些地區稱為「無風帶」，是遼闊的水上墓場，數世紀以來奪走了數千名水手的生命。無風帶是赤道受熱後空氣上升所形成的低壓帶，這種現象轉而導致該區有好幾週、甚至好幾個月都不吹盛行風。矛盾的是，如果無風帶並不是完全無風，就必然會出現駭人的熱帶旋風與暴雨，造成完全、徹底的毀滅。

船隻困在無風帶時，風帆會下垂、皺成一團。烈陽無情地射向無風帶，船隻逐漸停滯不前，熱氣與水氣交融的溼氣讓船內變成氣味腐臭、疾病橫行的地牢。不久，船上所有人都會病死，而且在許多情況下，他們會受盡折磨、緩慢地死去。偶爾，一陣微風會帶來希望，但往往只會讓心靈更受煎熬，因為在無風帶，風來來去去，縹緲不定。因此船隻一旦困在無風帶就等於失去動力，只能漫無目的地在海上漂流。絕望的船員什麼事都做不了，只能祈禱風會奇蹟般地出現，拯救他們脫離飢餓或脫水而死的命運。能夠拯救船長與船員離開無風帶的，是船長的航海日誌。所有經驗豐富的水手都知道航海日誌對於航行的重要性，尤其是遠洋航程。

書面的紀錄會寫明船隻的目的地與航行的細節。航海日誌也讓船長有時間思考在航程中必須或可能面對的挑戰。透過日誌，船長能夠辨別無風帶的位置，而如果船隻順利離開無風帶，他就能測量距離，避免在後續航程中再次通過無風帶。假使船長無法避免經過這個區域，起碼也能盡力準備好人力與必需品。

正如任何船隻航行不能沒有航海日誌，我們在人生的汪洋中，也需要日記的導引。有時候人很容易就會感到徹底迷失，我們會失去方向，不確定自己在做什麼、有什麼感覺，或是要去什麼地方。在找到方向之前，我們會發現自己像是困在無風帶裡，不知所措，萬念俱灰。然而，近年來心理學家發現寫作個人日記可以幫助人們避免與遠離人生的無風帶。今日，生活日誌是許多人眼中的重要工具，有助於處理與克服個人的創傷與危機。更重要的是，有證據指出維持寫日記的習慣，就不會屈服於沮喪與絕望的感受。

「寫作帶來的療效似乎不比心理治療遜色。」

——邁阿密大學心理系教授愛德華．莫瑞（Dr. Edward J. Murray）

二〇一四年八月十一日，世界各地的新聞都在報導一起悲劇，這則報導震驚了全球數百萬名影迷——備受眾人喜愛的演員、喜劇泰斗羅賓．威廉斯（Robin Williams）被發現死在自家臥室。許多媒體記者聚集在他位於加州蒂伯龍的住家外，事情的真相終於浮現。在外人眼中，這個男人似乎擁有一切，詮釋喜劇的天分受到世界各地無數影迷的喜愛，很多演員們都尊敬與愛戴他，也有美麗的妻子與可愛的家人。然而，儘管威廉斯表面上擁有這麼多人人夢寐以求的事物，他還是自殺了。

憂鬱症已成為現代最嚴重的健康問題之一，受其影響的人數比愛滋病、癌症與糖尿病患者的總和還要多。根據報導，西方社會中每四名成人就有一位會在生命中的某個時間點罹患嚴重的憂鬱症，而有百分之十五的臨床憂鬱症患者，最後會像偉大的演員羅賓．威廉斯一樣，親手結束自己的生命。

感到沮喪是每個人在生活中幾乎都會經歷的一種狀態，只是程度各有不同。憂鬱症的症狀包含疲倦、難過與焦慮，另外也與空虛、絕望、無助、沒用、罪惡、易怒、羞愧或煩躁的感覺有關。感覺抑鬱時，我們可能會提不起勁去做曾經感興趣的活動，可能會沒有食慾、或是吃個不停；也許會難以專心、記憶或做決定；也可能會失眠或嗜睡、極度疲倦、身體不時感到疼痛、感覺痛苦、消化不良或無精打采；更嚴重的狀況會經常陷入沉思、傷害自己甚至自殺。

憂鬱症除了會對患者本人、家人與朋友的生活造成混亂與痛苦，也是歐洲與北美洲經濟的一大重擔。這項疾病每年花掉英國超過九十億英鎊的稅收；在歐洲耗費的成本，估計已超過四百二十億歐元；而最新的數據顯示，美國政府為了解決憂鬱症的問題，實際上付出的財務成本推估超過一千億美金。

我們花費數十億英鎊、美金與歐元在藥物的治療上，但是基於一些不明原因（或許是盲目誤信所有問題都可以靠神奇的藥丸解決），我們忽略了最簡單、最容易與最經濟的解決方法之一——表達性寫作。

「寫日記是嘗試治療憂鬱症的好方法。這個方法沒有侵略性、不激烈，是你可以獨自一人做的事情，它讓你有機會看到自己的感受，然後擬定處理這些情緒的計畫。」

——健康促進中心執行長潔西．格魯曼（Jessie Gruman）博士

寫作作為一種治療形式，為深受憂鬱症、甚至臨床憂鬱症所苦的人們真正希望。過去三十年來，有許多研究指出表達性寫作可以大幅緩解壓力與焦慮感，而這兩種感受無疑都與憂鬱症有關。大多數的人上了一系列短暫的表達性寫作課程之後，都表示感覺比以前好多了，比較不會焦躁，也覺得更放鬆了。

當然，人們對於感受的自我評估一向是主觀的，而即便是心理學家的評估也有各種解讀方式，但多種血液、尿液與荷爾蒙的檢測已證實，表達性寫作可以舒緩壓力與焦慮感。無數研究的資料明確地顯示，連續四到五天、每天只花二十分鐘進行短暫的表達性寫作，可以促成明顯、正向的生物化學變化。身體出現具體改變的現象，說明了為什麼表達性寫作課程大多都能讓人變得平靜、感覺比較沒有壓力。

一九九七年，史蒂芬．勒波爾（Stephen J. Lepore）教授在卡內基美隆大學（Carnegie

Mellon University）發起研究，調查表達性寫作對於憂鬱症的症狀是否有任何影響。更具體來說，這項研究是在探究表達性寫作是否會影響心理學家所稱的「侵入性想法」，也就是我們會不斷回憶（有時是在無意識的情況下）的創傷事件，所引起的煩惱與憂慮。侵入性想法會轉而導致焦慮與沮喪的感受，如果置之不理，這些感受有可能發展成慢性的情緒障礙。

勒波爾教授在研究中使用的壓力事件是研究所的入學考，因為對許多學生而言，考試顯然是大量的痛苦與情緒混亂的原因。學生們很清楚自己在考試中的表現，將會開啟或關閉未來職涯選擇的大門。成功或失敗，將決定未來人生的結果。這的的確確是一種壓力。

同意參與這項研究的有七十四名學生（四十四位男生與三十位女生）。研究的形式非常簡單，大約在考試的十天前，學生受邀到實驗室，然後花二十五分鐘的時間寫作。在研究人員的指示下，半數的受試者只單純書寫日常的活動，包含他們在過去二十四小時內做了什麼事、花了多少時間複習功課和吃飯等等。研究人員特別要求他們，只要記下事實，不要提到自己的情緒、感受或意見。另外一半的受試者，則得到相反的指示；如下：

「在今天的寫作活動中，請你們盡情寫出心中對於考試最深層的想法與感覺。在文章裡，你可以寫下自己對考試的想法與感受、考試對你目前的人生有什麼影響、考試對你的人生目標有什麼意義，以及你對於人生有哪些計畫。重點是，你要挖掘內心最深層的情緒，在寫作的過程中探索它們。」

這些學生分別在考試的一個月前、三天前與一週後，接受研究人員的訪談。他們也讓學生填寫問卷，主要在評估學生想到考試時，是否有出現侵入性的想法；如果有，出現的程度有多高，而感覺沮喪的程度又有多少。

從問卷的分析可以看出，表達性寫作的活動對於學生的挫折感有極大的影響。雖然為時短暫的表達性寫作活動似乎未能消除學生的侵入性想法——他們全都顯露了相似的恐懼與憂慮——但確實導致某種出乎意料的深刻影響。

勒波爾教授與研究團隊發現，參與表達性寫作的學生與另一組受試者不同，他們並未經歷與侵入性想法有關的苦惱或沮喪的感覺。二十五分鐘的單一寫作活動，似乎能夠減輕原本會因憂慮想法而生的情緒壓力。這點非常重要，因為它顯示了儘管簡單表達我們對於事件或經驗的感覺，不一定能解決任何問題，但這麼做確實證明表達性寫作讓我們得以處理負面的想法，不會陷入焦慮與挫折感的泥淖之中。

之後在休士頓大學（University of Houston）進行的實驗，證實了勒波爾教授的研究發現。休士頓大學在二〇〇六發表的一項研究，同樣也以大學生作為實驗對象（其中一些人有憂鬱症病史），結果發現，受試者只須從事三天、每天十五分鐘的表達性寫作活動，抑鬱的症狀就會大幅減緩。實驗結束的六個月之後，這些助益依然顯著。

▼藉由寫作走出裁員的陰霾

對許多人而言，困擾大學生的焦慮感，尤其是因為入學考試引起的憂慮，顯得微不足道。然而，我承認多年來晚上睡覺時，我不斷地夢到自己在毫無準備的情況下參加法學院的期末考重考，有幾次還從夢中驚醒。看來，所有經驗都會對我們造成影響。雖然如此，我們應該探討表達性寫作能否像過往經驗一樣具有影響力，幫助那些長大後必須面對嚴重創傷的人們。

根據英國國家統計局（Office for National Statistics）的統計，每三個月就會有將近五十分之一的工作者失業。對許多人來說，遭到解職或裁員是難以承受的經驗。失業除了會造成顯而易見的經濟壓力之外，也會在社交生活上留下恥辱，損害一個人的自尊。失業總是令人焦慮，並且會導致生理與心理的健康問題，例如憂鬱症。基於這些原因，學者決定測試表達性寫作對於遭到裁員的人可能會有哪些影響。一群剛失業的男性與女性受邀參與類似勒波爾教授對擔心入學考試的學生所進行的實驗，研究人員探究他們在面對伴隨裁員而來的失落、挫敗與恐懼的情緒時，進行表達性寫作的活動，是否也會呈現與勒波爾實驗的學生一樣的結果。

在研究中，六十三名剛失業不久的工程師被分成三組；一組寫下遭到裁員的感受與情緒；一組單純描寫實際的生活；另一組完全不寫作。正如所料，進行表達性寫作的受試者，對於之前的雇主表現出的怒氣與敵意，比其他組還要少。然而，研究人員追蹤受試者八個月後，發現了更驚人的結果——

控制組只有百分之十九的受試者在之後重新投入就業市場；但表達性寫作組當中，有百分之五十二的人順利找到新工作。相較於寫作與創傷無關的主題或完全不從事寫作活動的受試者，表達性寫作組不僅多了二點五倍的重新就業率，找到新工作的速度也比較快。

如此看來，每當我們面臨難題或困境時，表達性寫作可以帶來關鍵的差別。儘管這些研究顯示，表達性寫作可能有助於解決原本會令我們感到沮喪的狀況，目前也已知這種寫作活動證實可以改善情緒與緩解焦慮感，但仍有一個問題：表達性寫作可以提供確診為臨床憂鬱症的患者任何幫助嗎？對於那些深受現代社會最嚴重的心理障礙所苦的患者，有沒有醫生除了給予藥物或其他形式的心理治療外，也運用某些形式的寫作治療？

▼作爲臨床憂鬱症療法的日記寫作

從過去三十年來發表的無數對照研究（先前已提到多項研究）可知表達性寫作可以讓人感覺好一點。學生、癌症病患、受虐者，甚至囚犯，全都對這項活動呈現正面的回應。我們也知道寫下自己的感受之後，不但心裡會舒暢一些，身體的化學機制也會產生變化。但是同樣的寫作活動可以幫助罹患嚴重憂鬱症的人嗎？

臨床憂鬱症（也稱為「重度憂鬱障礙」〔Major Depressive Disorder，MDD〕）是沉默的殺手。基本上，任何人表現出五種以上的抑鬱症狀，並且感覺這些症狀妨礙到日常生活，都可歸類為患有臨床憂鬱症。目前治療臨床憂鬱症的醫學方法極度依賴藥物，而這些藥物要價不菲，所需的醫學成本也十分高昂。就連藥商也承認，抗抑鬱劑除了造成患者的經濟負擔之外，也會引起一些非常嚴重的副作用，包含口乾、視力模糊、便祕、解尿困難、多汗、頭暈目眩，以及嗜睡、性慾低落與性障礙。我不知道你們怎麼想，但我相當肯定，光是看到這些潛在的副作用，就足以讓我在吃藥時感到精神緊繃或焦慮不安了。

目前的給藥方式還有另一個問題，就是許多藥物治療到後來會讓病患像在經歷無期徒刑一樣，憂鬱症患者往往會淪落到終生服藥的地步。當然，在某些案例中，這種情況是可以避免的。但是，每一位臨床憂鬱症患者對藥物的依賴不一定都能見效，而即便吃藥有效，患者的社交生活或經濟狀況也不允許長期服藥。想必，現在是時候開發其他可行的治療方法了？謝天謝地，有一群科學家表示贊同。

二〇一三年五月，《情感障礙期刊》（*The Journal of Affective Disorders*）刊登一項題為〈作為憂鬱症療法的日常活動：表達性寫作對於重度憂鬱症患者的益處〉（An everyday activity as a treatment for depression; The benefits of expressive writing for people diagnosed with major depressive disorder）的研究。這項由密西根大學、南卡羅納大學與華盛頓大學的心理學者共同進行的研究，在學界率先探究表達性書寫作為臨床憂鬱症療法的可能性。

研究將四十位臨床憂鬱症患者分為兩組。每一組都進行連續三天，每天二十分鐘的寫作活動。第一組以文字描述自己的感受；第二組則單純記錄生活中發生的事件，就像在寫一般的工作日誌一樣。然而，如此簡單的實驗再次得到了驚人的結果。寫作活動結束後的第一天，在日記中抒發感受的病患，憂鬱的症狀比單純記錄日常生活的患者減輕許多。此外，第一組患者在實驗的四週後，再次接受評估時，症狀改善的情況依然顯著。

研究結果清楚顯示，表達性寫作可在臨床憂鬱症的治療中扮演重要角色，就如進行這項實驗的心理學家所提的，表達性寫作「省時又省錢」、而且「任何能夠表達的人都可以進行」的事實，意味著這項活動至少「可以彌補現有憂鬱症療法的不足之處」。

這也讓人好奇另一種可能性，如果寫作日記可以幫助我們遠離憂鬱，是否也能帶我們找到幸福？

第三章

追求幸福

爲什麼生活日誌能保證讓你更幸福

「追求幸福是人生唯一的道德目的。幸福，不是痛苦或盲目的自我沉溺，而是道德情操的證明，因為這是你忠實成就自我價值觀的證據與結果。」

——俄裔美國哲學家艾茵．蘭德（Ayn Rand）

你可以問任何人，他們在生命中最想追求的是什麼？百分之九十九的答案都是：「我只想過得快樂。」我們做任何事情都是為了追求個人的幸福。古希臘哲學家亞里斯多德說，「幸福是生命的意義與目的，也是人類生存的整體目標與終點。」但是對許多人而言，幸福依舊跟渡渡鳥[1]（Dodo）一樣，難以尋覓。

二〇一五年一月，英國《每日快報》（*Daily Express*）公布一項全國性的調查，兩千多名受訪者之中，不到十分之三的人形容自己是快樂的，而且只有百分之七的人表示自己「非常快樂」；絕大多數的受訪者都覺得自己「陷入困境」。看來，亨利．大衛．梭羅（Henry David Thoreau）在他的傑作《公民不服從與其他論文》（*Civil Disobedience and Other Essays*）裡說的話，即使到了今日，依然有如當時在十九世紀中期般真實：

「大多數的人默默過著絕望的生活，心中的歌在他們死後跟著一起埋入墳墓。」

雖然世界各地的科技、健康照護與生活水準都有所進步，現代人卻不如五十年前那樣快樂。很多人似乎一直都在錯誤的地方尋找幸福，像是金錢、物質享受與名聲。無論如何，新興的正向心理學領域的學者發現有一種活動幾乎肯定能大幅提升幸福感，你應該已經猜到，那就是書寫生活日誌。

我們探討生活日誌透過什麼方式、以及為什麼肯定能增加幸福感之前，應該先了解幸福是什麼，以及它為何如此重要。

▼幸福的意義

根據牛津辭典的定義，幸福是「一種愉悅或滿足的感受」。這個定義對於了解幸福的真實本質或是評估它的份量，沒有太大的幫助。畢竟海洛因在血液中循環時，毒蟲可能會感到愉快與滿足，但沒有人會真的認為他是「快樂的」。倫敦政經學院經濟表現中心（Centre for Economic Performance at the London School of Economics）與「幸福行動」（Action for Happiness）組織——幫助人們採取實際行動，創造一個更快樂、充滿更多關懷的世界——的創辦人羅德．理查．萊亞德（Lord Richard Layard）提出更實用的定義，他將幸福簡單定義為：「生活過得開心，而且希望繼續維持。」因此不幸福就意味著「生活過得不開心，而且希望這個情況會改變」。

萊亞德的定義可說是再簡單不過了。如果你快樂，就會覺得生活過得很棒；如果你不快樂，就會感覺生活很糟糕。

1 絕種已久的非洲原生鳥類。

▼爲何幸福很重要？

幸福很重要，因為它會透過無數種方式來影響我們的生活結果。例如，幸福與成功有關，快樂的人往往比不快樂的人成功，不論在事業或人際關係方面，都是如此。幸福可以提高生產力，也就是大多快樂的人的表現會比不快樂的人更突出，一般也從事較有聲望的工作，因此他們的薪水更多。幸福也可以促進人際關係，換句話說，在人際交往上，快樂的人會比不快樂的人來得成功。前者比較有可能結婚成家，而且結婚之後，也比較滿意自己的婚姻。除了上述的好處之外，幸福還能增進健康，快樂的人比不快樂的人健康許多，一般也比較長壽。

但是，科學家口中的「幸福」，究竟是什麼？還有，如果我們真的可以左右自己在現在與未來有多快樂，又該怎麼做？倘若我們有心追求幸福與喜悅，這些都是必須面對的問題。我們深入探討這些問題時，會發現答案如此令人意外、甚至震驚，它們牴觸了我們的核心價值觀與信念，迫使我們必須重新思考生活的方式。

▼評估你的幸福指數

我們傾向將幸福視為一種過渡的「感覺」（feeling），大家都知道感覺是相當主觀的東西，它們會受到各種外在的刺激所影響，而我們的感覺隨時都在改變。然而，幸福就跟我們會經歷的任何「感覺」一樣，與身體的化學機制有微妙的連結。舉例來說，體內的多巴胺、血清素、催產素與腦內啡的濃度，可以準確顯示你在當下的快樂程度、種種數據與其他因素。血壓、心跳速率、荷爾蒙與免疫系統的反應、甚至大腦特定區域的電子化學活動，都能使科學家能夠像診斷任何實際的疾病一樣精準地評估快樂的程度。

學者們發現幸福可以衡量之後，便能夠專注探索千年來哲學家百思不得其解的問題，直到近年這個問題仍然是個謎……幸福從何而來？

▼最幸福的國家

二〇一三年，聯合國公布《世界幸福感報告》（World Happiness Report）。這份報告根據一百五十六個國家的人民資料所寫成。研究人員分析無數國際調查，包含蓋洛普世界民意調查（Gallup World Poll）、世界價值觀調查（World Value Survey）及歐洲生活品質（European Quality of Life），得到全球人口的幸福「指數」。報告揭露世界上最不快樂的國家，是西非的多哥（Togo）。這個結果一點也不令人意外。多哥由一小串群島組成，西臨迦納，東面貝南。七百多萬的人生活在一個充斥著貪腐現象的國家。當地屬於炎熱與極度潮濕的熱帶氣候，而且只有百分之五十四的人有衛生的飲水可用。當地兩百萬名就業人口中，百分之六十五靠家庭物資與商業農耕謀生。如同非洲的多數地區，多哥的雨林乾枯死亡，隨之而來的沙漠化，意味著境內常遭遇嚴重乾旱。除此之外，半數以上的女性受過割禮[2]；近幾十年來有許多人因染上愛滋病而死亡。今日，超過百分之四十五的人口未滿十五歲。不論從哪方面來看，多哥是世界上最不快樂的國家，都不會讓人覺得意外。

可能會令人感到訝異的是，丹麥是世界上最幸福的國家。其他北歐國家——挪威與瑞典——分別位居第二與第三名。加拿大高居第六，而美國僅拿到第十七名，還落後墨西哥一個名次。英國甚至排在更後面，位居第二十二名。不過，更令人驚訝的是，數十年來，丹麥人始終占據世界幸福排名的榜首。不可思議的是，自一九七三年以來，丹麥在歐盟官方民調——歐盟氣壓計（Eurobarometer）的幸福與快樂指數調查中，一直都是明顯的贏家。

心理學家很好奇，為什麼丹麥人的快樂程度遠遠超越其他國家的人？丹麥人知道、或是擁有其他人所不知道的東西嗎？經過多年調查，科學家認為他們找到了答案。丹麥人一向過得比其他人幸福的原因，與國家的經濟狀態或文化，沒有太大的關係（如果真有的話）。宗教事務、福利制度、地理與氣候等因素，對這個現象也沒有什麼影響。顯然，丹麥人的快樂主要來自於基因！科學家發現基於某種未知的進化突變，丹麥人先天就擁有快樂的基因。

▼快樂的基因

二〇一一年五月六日，《人類遺傳學雜誌》（*Journal of Human Genetics*）刊出倫敦政經學院發表的正向心理學開創性研究。由行為經濟學家簡—伊曼紐爾・戴奈維（Jan-Emmanuel De Neve）率領的研究團隊，發現了「快樂」的基因；這個基因通常會在擁有

2 在非洲，出於非醫療原因而切除女性部分或全部外生殖器的習俗。

快樂生活的人身上看到，而在不快樂族群體內的脫氧核糖核酸（DNA）裡是找不到的。這是第一次人類有確切的證據表明，決定人生幸福最主要的單一因素，絕大部分在受精卵形成的那一刻就底定了。

5-HTT基因負責控制神經細胞如何分配血清素——由大腦底部主掌情緒的松果腺體分泌的一種化學物質。醫療科學家已經知道，血清素分泌量低的人較容易罹患憂鬱症。戴奈維教授與研究團隊調查兩千五百多個樣本，分析他們的DNA，對照資料後發現，DNA中含有5-HTT基因的人，過得比DNA中缺少5-HTT基因的人還要快樂。雖然許多科學家不認為5-HTT基因在心理健康上扮演關鍵角色，但戴奈維教授與研究團隊率先證明，5-HTT基因對於人的快樂程度也具有重大影響。

戴奈維教授的理論印證了早期關於雙胞胎幸福程度的研究。在這些研究中，學者檢視同卵雙生與異卵雙生雙胞胎的幸福程度。不出所料，同卵雙生者擁有相同的基因組成，而異卵雙生者雖然在同一時間受精，卻各自擁有完全不同的基因。此外，有些雙胞胎分別在不同的家庭長大，有些甚至分離好幾公里遠，因此在成長過程中，雙生兒會受到不同的外在影響、擁有不同的人生經驗。如果基因是決定幸福與否的主要因素，那麼同卵雙胞胎即使沒有住在一起，也應該要呈現相似的幸福程度。而這正是研究結果所揭露的。學者注意到，無論同卵雙生的雙胞胎是否在同一個屋簷下長大，兩人的幸福程度都有相當大的關聯。然而，異卵雙生的雙胞胎之間，並沒有這樣的關聯性。其實，異卵雙生的手足在幸福感這方面的相似度非常低，即便他們住在一起也是如此。

基因是驅動我們一生幸福的主要因素，這項事實不再有爭議。雖然如此，基因對長期幸福會造成多大的影響，目前仍是未知。戴奈維教授認為，人類的基因決定了百分之三十三的幸福程度，其他學者估計的更高，認為基因的影響約佔百分之五十的比例。無論如何，我們一生的幸福，可說在母親懷孕時就大致決定了。

幸好，故事還沒結束。雖然基因是形塑幸福的關鍵，但是其他因素也會影響我們在任何時刻的快樂感受。基因解釋了為什麼每個人都有獨特的快樂基準值，也說明了為什麼在同樣的條件下，有一些人會比其他人更快樂、對生活更滿意。基因決定了科學家所謂的快樂「基準值」（set point）。不過好消息是，雖然基準值可能取決於基因，但它也可能因為其他因素而提高或降低。問題在於，許多人為了得到快樂而努力追求的事物，到頭來反而讓自己變得愈來愈不快樂。

▼你的快樂基準值

快樂可以、也的確會改變，它無時無刻、一天天都在變化。然而，我們都有獨特的快樂起始點或基準值。這是在不考慮其他因素的情況下，我們自然感覺到的快樂程度。有不計其數的因素可以提高或降低這個基準值，但很多希望得到幸福的人都注重生活的環境。因此，有這麼多的人都在追求更好的工作、更大的房子、跑得更快的車子，以及更健康的身體。

如果我們避開負面、痛苦的經驗，尋求正面、有益的經歷，理論上，快樂的基礎值應該會增加，這樣的說法似乎符合邏輯。從這個角度來看，在意外中受傷、失去摯愛、面臨財務困難、失業或罹患嚴重疾病等負面經驗，都會帶來不幸；相反的，贏得獎金、得到禮物、開始一段新關係或達到目標等正面經驗，應該要帶來幸福。只是，這種思維有一個問題，就是它並不正確！

過去數十年來，世界各地的數百項實證研究中，沒有任何一篇指出這樣的事件或是任何生活環境，是推動幸福的主要力量。你也許已婚或單身、身為男性或女性、膚色是黑或白、住在大房子或小公寓、開的是全新的保時捷跑車或福特的二手車；這些事物之中，沒有任何一個因素能夠長期、深刻地影響我們有多快樂、或是人生有多幸福。

英國科學家研究財富對於幸福的影響，發現在人的基礎需求和欲望獲得滿足後，超過一定基準的收入，對於幸福的影響程度不到百分之一。在美國，一個收入高於七萬五千元美金的人，即使財富增加，也只會對他／她的幸福程度產生非常小的作用。事實上，在全世界所有調查幸福的研究中，至今沒有任何一篇報告顯示，任何超越基礎需求的財富影響幸福基準值的比例高於百分之二。

我們渴望中樂透，但在很多情況下，這個夢想反而變成惡夢。有研究針對中了一大筆樂透獎金的人與從來沒有贏得任何獎金的人進行對比，結果發現樂透得主並沒有比其他人來得快樂；這與一般的看法相反。聽來也許令人訝異，但研究指出，樂透贏家的快樂程度遠遠落後從來沒中過樂透的人，在日常生活中得到的樂趣也少了許多。

研究顯示，那些追求財富以得到幸福的人，很少能夠如願——如果真的有這種事。同樣的，希望透過物質享受得到幸福的人，也大多會失望落空。科學告訴我們，任何的生活經驗只會短暫影響人的感受，而且就如同毒蟲會渴望作用更強的毒品，那些認為幸福在於財富與生活經驗的人，也會不斷需要新奇與更好的事物與經驗，才會覺得自己過得很好。

過去幾十年裡，來自世界各地的數百項研究當中，沒有任何一項顯示生活環境會大幅影響幸福程度。事實上，這類研究大多指出，改變生活環境或追求物質不可能帶來持久的幸福。原因在於，我們的生活環境改變之後，不論好或壞，幸福程度的任何變化都只能短暫維持。我們會適應變化，不論改變是正面或負面的，很快地，我們會發現自己再度回到快樂的基準點。正如失去的痛不會永遠存在，得到新事物——如新車、新手機，甚至是新房子——的驚奇感受，也會很快就消失。

但是如果我們的快樂基礎值由基因決定，而且沒有任何財富或環境變化可以在短時間內提高幸福的程度，我們又該如何追求快樂的生活呢？

值得高興的是，有方法可以提高快樂的基礎值、並且讓它持續增加。快樂的基因可以被一種跟它一樣強大的事物所打敗。

▼意圖的快樂

索妮亞・柳波莫斯基（Sonja Lyubomirsky）博士是加州大學河濱分校（University of California, Riverside）的心理學教授與暢銷書《這一生的幸福計畫》（*The How of Happiness*）的作者。柳波莫斯基博士專精正向心理學，她在著作中闡述，雖然幸福主要受基因所影響，但選擇的生活方式可以戰勝先天的條件。在人一生的幸福中，遺傳佔了百分之三十三到五十的比例。這意味著，我們有百分之五十到六十七的幸福來自於其他的因素。影響我們終生幸福的首要因素，是柳波莫斯基博士所稱的「意圖性活動」

（intentional activities），據她描述，這種活動是「人們選擇投入、需要決心與努力的行為」，可以分成行為（behavioural, 如隨機行善）、認知（cognitive, 如表達感激之意）或動機（motivational, 如追求人生目標）這三種性質。

意圖性活動與幸福的關聯，可以追溯至七〇年代。已故的麥可・福代斯（Michael W. Fordyce）——正向心理學的先驅之一——決定嘗試從科學觀點來評估幸福。福代斯是第一位證明（一）幸福可以透過科學方法量測的人；更重要的是，（二）無論基因組成為何，每個人都可以經由他所謂的「意圖性」或「自願」的活動，來增進自己的幸福；不只能在短時間內達到作用，還能發揮長期的影響。這些活動是福代斯與其他心理學家發現，能夠大幅提升幸福感的特定生活方式，包括社交、練習保持樂觀、向他人表達感激之情、減少負面想法與對抗焦慮感。

福代斯將這些活動稱為快樂的「十四個基本原則」，並且在研究幸福的實驗中，向好幾群學生傳授這些要素，然後測量這些學生在不同間隔的快樂程度。最後，他對比實行這些原則的學生與其他未受任何快樂訓練的學生的快樂指數，結果顯示，意圖性活動對這些學生的感受造成重大影響。隨著時間流逝，實行意圖性活動的學生，變得愈來愈快樂；至於那些沒有採取任何行動的學生，快樂程度則沒有變化。基因也許為我們的幸福感設定了基準點，但是福代斯透過研究證明，意圖性活動可以顯著提高快樂的基準點，更重要的是，還能讓它持續增加。

▼意圖性快樂的四大關鍵

福代斯提出的十四個基本原則中，有四個受到對照臨床試驗的廣泛測試：

1. **隨機行善。**
2. **想像最好的自己。**
3. **表達感謝之意。**
4. **調整認知的觀點。**

柳波莫斯基博士在「持續快樂的承諾」報告中，描述隨機的善意舉動如何影響人的幸福感受。在一項為時十週的實驗中，她請學生們經常「隨機行善」，譬如，開門之後替陌生人扶住門把等的舉手之勞。她分別在進行實驗之前、期間、結束、與一個月後，量測學生的快樂指數；結果顯示，簡單的隨機善舉對人的幸福影響重大，這樣的影響在實驗結束的一個月後依然明顯可見。

柳波莫斯基的發現得到後續研究的證實，結果證明，**如果我們想變得更快樂，比較有效的策略不是讓自己的環境變好，而是努力讓別人的生活更美好**。這是因為當我們做好事或說好話而不求回報、不為私利時，奇妙的事情便會發生——我們會更喜歡自己。在善意的舉動之後，這種感覺通常會持續好幾個星期或幾個月。

柳波莫斯基利用另一種意圖性活動來測試這項理論，她請一群學生在結束正向的意圖性活動後（如開始新的健身計畫），替自己的感覺打分數；同時要求另一群學生在生活環境改善之後（如買新車，或搬到比較好的公寓），也做同樣的評估動作。正如預期，六個星期之後，兩組學生的快樂指數都有所上升；但十二週之後，生活環境改善的學生已經適應新的環境，他們的快樂程度明顯回到了先前的基準點。然而，那些實行意圖性活動的學生的快樂指數依然持續增加。柳波莫斯基做出結論，「意圖性活動可以有效增進與維持幸福感」。

我們必須了解，意圖性活動只是提升幸福感的一部分作為。柳波莫斯基教授證明了反覆實行相同的善意舉動，很快就會使它對幸福感失去作用。我們做各種善意的行為時，快樂的感受會穩定、持續地成長，但倘若我們不斷重複相同的活動，很快就不會再因為這個活動而感到快樂，這麼一來，便會回到先前的快樂基礎值。意圖性活動的時機與多樣性，決定了它對我們的感受會有什麼影響。意圖性活動可以讓我們過得更快樂，但是不同的活動會以不同的方式產生影響，對此柳波莫斯基教授特別提醒，「進行活動的方式很重要」。

▼維持快樂的兩個關鍵練習

在所有可能影響我們生活方式的活動中，有兩個特別重要——**表達感謝之意與保持樂觀**。有趣的是，感激與樂觀的態度也是擁有幸福感的兩個關鍵特質。心理學家克里斯多佛．彼得森（Christopher Peterson）與馬丁．塞利格曼（Martin Seligman）強調了二十四項人格特質，表明如果想獲得幸福，就必須發展這些特質。從這當中，他們發現感激與樂觀位居與幸福「強烈相關」的前三個特質。基本上，**我們愈樂觀，愈懂得感恩，就會愈快樂**。

幾年前，我在《挫折的力量》（*The Flipside：Finding the hidden opportunities in life*）一書中提到，樂觀可以有效幫助人們克服生活困境。樂觀主義者不但比悲觀主義者容易走出逆境，也較不會感到焦慮與憂鬱，而且更能夠維持身心的健康。此外，樂觀的人在課業成績上較突出，而在商場上的成就也比悲觀主義者高出百分之三十五。自認為傾向悲觀的人而言，或許會對這個事實感到有些沮喪，也可能解讀成是上天讓他們注定不快樂、成就低落、淪為不健康的社會底層。然而，與普遍的看法相反，樂觀主義——譬如快樂——並不是先天、不可改變的特質。沒錯，每個人都有基因標記，這些特徵為我們劃定樂觀程度的基準線，就跟基因替我們設定快樂程度的基礎值一樣。但是正如快樂的基準點可以調整，我們也可以改變樂觀的基線，而其中一個最有效的方法，是藉由寫作日記來變得更加樂觀。

學習樂觀

一九六七年，在賓州大學任職的塞利格曼（Seligman）教授設計了一系列的實驗，目的是證明關於希望與絕望的本質與起因不可否認的事實。

在實驗中，塞利格曼讓好幾群狗兒接受電擊。這些實驗慘無人道，而且我認為沒有必要。有太多時候科學家為了出名而做的行為，是令人不敢置信地缺乏想像力與泯滅人性。不過，雖然塞利格曼的實驗讓人反感，仍確實證明了無助的感受通常是學習得來的回應，會透過心理的條件反射作用來顯現。

每個人在胎兒時期都是樂觀主義者；我們學習走路時，一次又一次地跌倒；每次跌倒，我們重新站起來並再試一次；一次踏出一步，最後學會走路。有些人花的時間比別人久，但每個天生有兩條腿的人，終究都能學會走路。然而，我們漸漸長大，一些事情也會隨之發生。一連串的挫折也許會讓我們失去自信。有時候，我們親近的人、那些比我們年長、有智慧的人——像是父母、師長、甚至朋友——會加深我們的挫折感。他們可能會對我們說「你不夠好」，還可能會嘲笑我們說「你做不到」、「你永遠不會成功」。這些不斷出現的挫敗與缺陷的提醒，使我們變成無助的受害者。我們會失去希望，不再嘗試，因為我們認定自己無法達成目標。這就是塞利格曼所說的「習得無助感」（learned helplessness）。

好消息是，如同無助感可以經由學習得來（這種感受必然會導致憂鬱），我們也可以重新學習變得樂觀（它能帶領我們走上持久快樂的道路）。此外，塞利格曼指出，學習樂觀與擺脫無助，最有效的方式就是寫作生活日誌。

塞利格曼幫助人們學習樂觀的方法包含一個簡單的技巧，就是讓人們慢慢學習以正面的態度去面對困境、創傷以及任何負面的事件。第一步是從心理學家亞伯特・埃利斯（Albert Ellis）在一九五六年率先提出的「ABC 理論」——引發事件（Adversity）、信念（Belief）、結果（Consequence）——做起。

「引發事件」是發生的事情。

「信念」是我們在內心解讀事件的方式。

「結果」則是我們的感受與行動。

這並不是源自於發生的事件，而是出自我們對於事件的信念。舉個例子：

引發事件：你被老闆炒魷魚。

信念：你認為「人生不公平，為什麼是我被炒魷魚？我再也不要找這種工作了！」

結果：你感到沮喪、怨恨與憤怒。

人在學習樂觀的時候，首先必須專注在對於創傷的反應上，只有這麼做，才能從自己的角度去解讀創傷。後來，塞利格曼在「ABC理論」加入了D和E（反駁〔Disputation〕、激勵〔Energization〕）。

「反駁」意指探索關於困境的信念，並找證據來推翻它們。

比如被裁員，你認為「公司發生財務困難。我是最後一個進公司的人，所以我第一個被解雇，應該算合理。之前我能找到工作，未來也會再找到新的工作。或許這次被解雇，是創業的好機會？」

塞利格曼表示，假以時日，這個練習將會改變我們對於逆境的看法，慢慢建立較樂觀與正面的態度。如果我們能成功顛覆自己對於生活困境的信念，就會覺得更有活力，也就是塞利格曼理論中的「激勵」。而且，塞利格曼建議，當我們感覺受到激勵時，應該試著反思與享受快樂的感受，以及推翻負面信念的成就感。

塞利格曼提出的樂觀學習，透過個人日記才能完整達成；也就是說，如果你想記錄自己遇到的困境、對於困境的信念，以及這些信念帶來的結果，最好的方式就是把它們寫下來。書寫之後過幾天再回頭去翻閱筆記，反省自己的信念與結果，找出可以反駁它們的理由；最後，你就能記錄並慶祝自己的成就。

> 「不是快樂讓我們學會感恩，而是感恩讓我們覺得快樂。」
>
> ——感恩生活網創辦人大衛．斯坦德拉（David Steindl-Rast）

感恩——一生快樂的關鍵

馬丁．塞利格曼與里斯多佛．彼得森在共同著作《品格長處與美德的分類手冊》（*Character Strengths and Virtues: A Handbook and Classification*）中強調的所有人格特質中，有一個品格作為身心健康的指標，與眾不同。這個特質對於任何人的生活品質都寓意深遠。擁有這項特質的人會睡得比較好、經歷較少的痛苦、意志比其他人堅強、面對困境能展現不可思議的韌性，身心健康也會不斷提升。此外，它也能增進對他人的同理心、減少衝動與憎恨的感受、提高自尊，並且鞏固人際關係；難怪這個特質可以如此有效地維持生活的幸福感。如果我們有心追求快樂，就必須培養感恩的心。

多數的心理學家與精神病學家都同意，對大部分的人而言，懂得感恩的特質不會遺傳，需要後天學習才能得到。

克莉絲汀·卡特（Christine Carter）是一位社會學家、研究快樂的專家，也是加州大學柏克萊分校（UC Berkeley）「至善教養」（Greater Good Parents）計畫的總監。她認為多數人天生不但不懂得感激，反而覺得自己受到父母照顧是理所當然。她表示，「如果我們不教孩子學習感恩、陪他們練習表達感激，他們長大後就會覺得一切都是理所當然的，這種心態並不能帶來快樂。」

精神科醫師大衛·薩克（David Sack）也呼應這樣的觀點：「雖然有些人天生就懂得感恩，但大部分的人都是後天才學會這種行為……很多人直到生命的後期才發現幸福的關鍵之一在於感恩。」

研究顯示，常懷感恩之心的孩子比不懂得感謝他人的孩子還要快樂與樂觀，感受到的沮喪與壓力程度也比較小。同樣的，具有高度感恩傾向的青少年，擁有比較多的朋友，課業成績也比較突出；具有現實傾向的學生，則比較容易有嫉妒的心態，課業成績相對不佳，對於生活也比較不容易感到滿足。

「大部分的家長都希望小孩過得快樂，」薩克寫道，「但是，我們送他們禮物、防止他們自食惡果、付出各種努力，實際上卻讓他們變得更不快樂。如果我們真的希望孩子們幸福，就必須灌輸他們感恩的心態。」

薩克表示，「感激不只是孩子需要學習的課題，也是父母們必須持續練習的行為。不要一味追求最新的科技裝置，而要學習感謝擁有的一切。與孩子互動時，你可以大方分享，時常把『請』與『謝謝』掛在嘴邊，親身示範良好的行為舉止，而不是空口說白話。」薩克警告，假如不培養孩子的感恩心態，一切都理所當然的感覺會使孩子「不斷地感到失望」。

哈佛大學進行的研究做出結論，感恩的心態可以促進整體健康與幸福，並且強化人際關係。加州大學柏克萊分校的研究人員發現，寫感恩日記可以提升睡眠品質與減少疾病的產生。哥倫比亞大學的研究也顯示，感恩能夠促進免疫系統的功能，降低焦慮與（或）憂鬱的感受。

建立感恩的態度十分簡單。心理治療師與《告別玻璃心的十三件事》（*13 Things Mentally Strong People Don't Do*）的作者艾美．莫林（Amy Morin），簡要表示，「只要花幾分鐘的時間，想想你擁有的一切，而不是抱怨你認為自己應該擁有、卻得不到的事物。」

無論如何，學者們都認定學習感恩最快速也最有效的方式，就是書寫感恩日記。

感恩日記讓我們有機會記錄與認清生活中的美好事物。我們經常會將許多事情視為理所當然，像是食物與住所、家人與朋友給予的愛與友誼，還有生理與心理的健康。感恩日記可以幫助我們把心態從理所當然調整為感謝別人的付出。這也許是陳腔濫調，但科學家不斷證明，寫感恩日記可以改變我們對生活的感受。

根據北美一些極具聲望的大學所進行的無數研究，感恩日記可以為生活的許多面向帶來正向改變。耶魯大學的研究指出，一個人如果定時寫作感恩日記，思考會變得愈來愈靈活、對事物更有熱情、擁有更堅定的決心、比較能夠專心，也會比較有活力。感恩日記的助益極具說服力，以致史丹佛大學甚至創立了感恩日記的寫作課程。這門課炙手可熱，因為學生發現持續書寫感恩日記，可以減輕壓力，還能增進健康。

今日，感恩日記被公認是最受到低估的個人成長工具。人們總是嚷著想要過得快樂，方法其實很簡單：如果你認真看待自己的幸福，一本筆記簿和一枝筆就夠了！

第四章

筆的力量比藥丸還強大

爲何生活日誌能改善你的健康

「寫作或是談論基本的想法與感受，可以為生理與心理帶來如此深刻的變化，這簡直太不可思議了。」

——德州大學心理系教授詹姆斯·潘貝克

一九八六年，一篇宗旨在催生全新治療形式的文章，出現在《變態心理學期刊》（*Journal of Abnormal Psychology*）裡，該篇文章的作者詹姆斯·潘貝克教授與珊卓拉·克勒爾·畢爾（Sandra Klihr Beall），同為德州達拉斯南衛理公會大學的心理學家，兩人為他們自己針對一系列簡短寫作活動的影響，所做的研究發表初步報告。這個實驗單純想評估書寫創傷經驗對於當事人是否有所助益，然而研究結果的意涵比兩位學者想像的還要深遠。

從過去對於曾經受創（經歷性侵、肢體暴力、死亡或父母離異等事件）的大學生與成人的調查中，潘貝克教授注意到，如果這些人把感覺藏在心裡、什麼都不說，健康出現問題的可能性遠高於那些敞開心胸談論自己經歷創傷或失去感受的人。例如，一項以配偶自殺或意外身亡的喪偶者為對象的研究顯示，不與他人談論內心感受的人遠比坦白訴說心聲的人還要容易生病。研究資料清楚可見，在經歷創傷之後，表達自己的感受似乎可以避免原本會隨事件而來的後果。

潘貝克教授解釋，「人在生命中經歷重大創傷後，假如對此一字不提，會比找別人談話還要更容易生病……總之，保守祕密對身體有害。」

身為心理學家的潘貝克與畢爾，明白我們都需要理解自己的人生經歷，基於一些原因壓抑內心的感受，會導致無可避免的負面影響。首先，試圖把創傷拋在腦後，會消耗大量精力；不斷壓抑或抑制情緒，會讓自律神經系統累積壓力，而這主要說明了，為什麼我們如果不斷壓抑感受，便會愈來愈有可能被壓力的相關疾病所拖垮。

潘貝克與畢爾推論，假如壓抑情緒會長期危害健康，那麼找一個安全的出口釋放這些情緒，或許能夠減緩長期的壓力，進而降低出現壓力相關健康問題的機率。

「養成把想法寫下來的習慣沒什麼不好。這樣就不用找人聽你吐露心聲了。」

——伊莎貝爾．科爾蓋特（Isabel Colegate）

人們經歷任何創傷時，即使有親近的朋友或家人陪伴，也並不一定有機會或能夠輕易談論自己的感受。基於這個原因，研究人員決定深入探究，把情緒寫出來是否可以帶來類似談論情緒所產生的健康益處。

在第一批實驗中，四十六位健康的大學生連續四天來到實驗室，每天都花十五分鐘的時間書寫自己的情緒。研究人員要求其中一些學生寫下遭遇過的創傷經驗，譬如想到就會覺得有壓力的任何事件。其他學生則只是單純寫作事先指定的主題，例如描述實驗室或身上穿的衣物。

研究人員獲准查看所有受試者的病歷，並且將這些資料與生理測試、訪談紀錄和生理評估結果，一起進行統整。首先，他們發現幾乎每個人都對過去或現在的事件抱有深層的情緒。在取得受試者同意以及保證匿名處理的條件下，研究人員閱讀學生寫的文章，發現很多人在生命中都有過受創或失去的經驗；這些文章顯露了各種個人悲劇。一個女生提到她教弟弟划船的事情，當弟弟嘗試自己划船，結果溺水了；另一人寫出自己在十二歲的時候遭到祖父性侵；一位男學生坦誠自己有過自殺的念頭。每一位學生都有不同的故事，其中很多人都是第一次敞開心胸來表達對於過往經歷的感受。

研究很快地發現表達性寫作似乎可以引起重大改變。學生在表達性寫作的活動之後，血壓、負面情緒與感受到壓力的生理徵兆，都有增加的趨勢。然而，這樣的現象在預期之中，因為他們正面臨受傷與失落的感受。

比較出乎意料的是，那些生理症狀很快就消失了！緊接而來的是真正的驚喜……參與表達性寫作活動的學生，在健康與幸福感方面都有顯著的進步。研究人員查看學生的病歷，並發現即使實驗結束六個月後，這群學生的健康狀況仍然持續好轉；相較之下，控制組的學生並未受到如此明顯的影響。

參與表達性寫作活動的學生，就醫的次數也減少了。研究人員與學生進行訪談，從他們談論寫作在實驗期間帶來哪些影響、以及他們認為這項活動長期而言有何作用，所得到的資訊更印證了這些結果。

屬於書寫情緒組別的學生，都表示寫作的活動是正面且有益的經驗，無人例外。別的不說，這些學生覺得寫作讓他們深入思考過往的經歷。其中一位表示，「必須把情緒和感受寫下來這件事，讓我了解自己有什麼感覺，以及為什麼會有這些感覺。」

一位女學生談論自己寫下的創傷回憶時表示，「我之前從來不知道這個經歷對我有什麼影響。」

另一位學生寫道，「緊張的時候，把感覺寫出來很有幫助。所以現在每當我覺得擔心的時候，我就會坐下來，把這些感覺寫成文字。」

不過，有一位學生坦誠她從來沒有跟任何人說過自己寫的東西，而她的心得，或許是關於表達性寫作最有力的評論。她說：「我終於能夠面對創傷，努力走出痛苦，而不是想辦法阻絕它。現在，我想到過去，不會覺得難過了。」

不久，其他研究相繼出現。僅僅兩年後，潘貝克教授與其他學者合力進行另一項研究，結果印證了先前的實驗。這項研究也歸結，書寫過往的創傷，對於人的免疫系統與自律神經系統都會產生持久的正面影響。事實上，根據這樣的結果，研究人員總結，表達性寫作不只能促成「直接性且具有成本效益的健康益處」，也應該被視為一項「普遍的預防性治療」。

雖然當時潘貝克教授的研究並未在基礎醫療體系中引起許多人的注意，而且幾乎沒有獲得主流媒體的報導，但它在科學界確實吸引了一些目光。其他學者開始研究還能如何應用表達性寫作的活動，來解決特定的健康問題。實際上，初期的研究結果十分令人印象深刻，以致往後的二十年裡，出現了數百篇類似的研究。

一九九九年，《美國醫學會雜誌》（*Journal of the American Medical Association*）刊出的一篇研究得出結論，表達性寫作可大幅減輕許多關節炎與氣喘患者的痛苦。研究人員將七十名類風濕性關節炎或氣喘患者分為兩組；請第一組的受試者，花二十分鐘寫下生命中最讓自己感到壓力的事件；第二組受試者花同樣的時間寫下一天的計畫。

往後的三天裡，兩組受試者都進行相同的活動。同時，受試者的病徵在寫作活動開始之前、期間與之後，都受到監測。實驗結束後，研究人員分析結果，發現一件不可思議的事。

進行表達性寫作的受試者之中有許多人的症狀有所改善，而這樣的現象在控制組並不明顯；比如，患有氣喘的受試者的呼吸變得比之前順暢、關節炎患者則較可以自由走動，關節的疼痛也改善了。這份報告顯示，寫作過往創傷的受試者有近半數「在臨床上有顯著的改善」；至於控制組，出現任何進步跡象的比例則不到四分之一。

十五至二十分鐘簡單的寫作活動，究竟為何能在病患身上引發超乎許多藥物治療可及的生物化學變化？而且這些變化全都發生在短短四天內。

之後，二〇一三年在紐西蘭進行的研究中，研究人員設計了一項引人關注的實驗，試圖探究表達性寫作是否能促進身體康復。雖然醫學上有許多局部敷劑可防止傷口感染，但是傷口的復原速率仍然與個人的免疫力有關。有鑑於許多研究顯示，表達性寫作可強化病患的免疫系統，研究人員推論這項活動或許也能使傷口更快痊癒。

研究人員將四十九名介於六十四至九十七歲、健康的高齡公民，分成兩組；第一組進行短暫的表達性寫作活動；第二組單純針對事實、非情緒性的主題撰寫文章。兩個星期後，研究人員蒐集每一位受試者的皮膚切片。他們替每個人的手臂進行局部麻醉，取下一小塊皮膚活體組織，然後拍下傷口的情況，直到傷口痊癒為止。研究人員發現雖然兩組受試者的傷口都相同，但表達性寫作組的復原速度比控制組快得多。進行切片的十一天後，表達性寫作組的傷口復原了百分之七十六，而控制組只恢復了百分之四十二。這項研究率先證明，表達性寫作可以大幅加快傷口痊癒的速度。由於受試者屬於復原通常比較緩慢的高齡族群，因此這樣的結果更令人訝異。

許多類似的實驗也印證了這些發現，表達性寫作除了可以加速傷口復原、減緩類風濕性關節炎與氣喘的症狀之外，也經證實能夠改善許多嚴重、慢性疾病的情況。囊性纖維化、愛滋病感染、甚至各種癌症的患者，在進行表達性寫作活動後，病況全都有了起色。

所有表達性寫作實驗依據的格式，大多遵循潘貝克教授在最初研究中所設定的原則。監督實驗的研究人員依照潘貝克教授的最初指示，如此指導屬於表達性寫作組別的學生：

「在寫作過程中，希望你們打開心胸，挖掘內心最深處的情緒與想法。你們寫作的主題可以是自己的人際關係，包含與父母、愛人、朋友或親戚；你的過去、現在或未來；或者你一直以來是怎樣的人、未來想成為怎樣的人，或者現在是怎樣的人。」

研究人員向接受實驗的學生擔保，文章會受到徹底保密，因此他們可以盡情書寫。如同先前的研究，其他學生則被要求寫與情緒無關的事件，另外還有主題範例可參考，以便專心書寫客觀的事情。

寫作活動為期四到五天，學者分別在實驗開始的數個月前與結束後，監測這些學生在大學醫學中心的情況。某些研究中，受試者會另外接受血壓、血液與尿液抽樣等健康檢查，以供檢測免疫標記與荷爾蒙的變化。一些與特定健康情況有關的研究中，人員也會監測相關病徵的變化。

值得注意的是，這些研究對照所有資料後，發現進行表達性寫作的受試者各種健康指標都有所進步，相較於書寫客觀、非情緒性主題的學生，「在研究結束後，就醫的次數也大幅減少」。

歷來的大量研究顯示，表達性寫作本身無疑是身心健康的催化劑。研究人員都得到一個結論：「面對創傷經歷的舉動，有益身體健康。」這項證據極具說服力，以致學者們開始思考，表達性寫作能否、以及可以在多大程度上幫助慢性與重大疾病的患者。

當然，這也必然引出一個問題：表達性寫作有可能治療癌症嗎？

▼日記療法與癌症

英國癌症研究所（Cancer Research UK）的網站指出，「在英國，超過半數的人在生命中某個時間點會得到癌症。」每年有三十三萬一千多人被診斷出罹患癌症，而有十六萬人會因此死亡。美國癌症協會（American Cancer Society）也同樣表示，儘管近數十年來，癌症的死亡率已下降，仍有將近四分之一的癌症患者無法存活；當然，其中牽涉了各種因素。資料顯示，不同的癌症類型經過現有的療法，呈現不同的存活率。例如，每三千三百三十一名乳癌女性患者之中，不到一人死於此，而肺癌患者的死亡率只有十五分之一。癌症死亡率也與高齡密切相關。年長患者抗癌的情況，往往不像年輕的患者那樣成功。雖然罹癌率正逐漸上升，但有個好消息是，近期研究指出，每十起癌症病例中，至少有四起是可以預防的。只要選擇更好的生活方式，也就是改變飲食與作息，每個人都可以減少罹患癌症的風險。英國癌症研究所說明許多形式的癌症可以徹底避免，方法如下：

- 不抽菸。
- 保持適當體重。
- 減少飲酒。
- 維持健康均衡的飲食。
- 經常活動。
- 避免某些傳染病（如人類乳突病毒〔HPV〕）。
- 在適度防曬的情況下曬太陽。
- 選擇安全的工作環境（避免工作場造成的罹癌風險）。

儘管已發表的研究如雨後春筍般迅速增加，但是到目前為止，有一件事卻沒有引起主流醫學界的注意，也因此未在各大媒體上曝光，那就是各種寫作形式對癌症的預防與治療效果。

病患第一次被診斷出罹患癌症等重大疾病時，心理可能會受到巨大衝擊，因此他們在面對未知與可怕的未來時，通常無法承受隨之而來的恐懼和挑戰。這解釋了為什麼人們在確診罹患癌症之後，一般都會被轉介諮商輔導、心理治療或互助團體。事實上，很多患者在面臨癌症診斷與相關治療時會出現極度焦慮的情況，使醫生不得不開立抗抑鬱的藥物。

基於這些原因，研究人員開始探究表達性寫作是否可以取代上述的傳統治療，尤其是可能造成不良副作用的藥物介入，而治療的效果又有多大。在寫作治療中，病患依照指示必須寫出心中最深層的感受。利用這種方式在紙上盡情抒發恐懼與焦慮，可享有完整的隱私性，因此會比接受團體治療或與治療師面談有更多自由空間。雖然理論上似乎有效，但實際上真的可行嗎？

二〇〇二年，德州大學的研究團隊在調查表達性寫作對於接受腎癌治療的患者有何影響之後，發表了研究結果；如同先前探討表達性寫作的研究，這項實驗採用標準臨床對照的設計，將病患分成兩個寫作組別，請一組受試者在寫作活動中表達感受，另一組書寫非情緒性的主題。這其實複製了先前那些監測學生的健康與幸福感的研究，不同的是，研究人員著重的是癌末病患的徵象與症狀。

這項研究的資料顯示，書寫個人感受（如恐懼、擔憂，甚至是希望等）的癌症病患，症狀的改善程度比寫作非情緒性主題的患者還要明顯。表達性寫作組的患者：「睡眠障礙大幅減緩，睡眠品質提高，睡眠時間也增加」。研究人員還發現，這一組病患「比較少出現日間功能失調的情況」，也就是他們遠比對照組的患者更能維持日常作息。

有鑑於進行寫作活動的癌症病患所呈現的進步十分顯著，研究人員斷定，「目前證明，表達性寫作治療有可能幫助癌症患者舒緩壓力。」這份研究報告也指出，寫作活動可以緩解病患的焦慮感並促進睡眠品質。

另一項由哈佛大學與丹娜法伯癌症研究院（Dana-Farber Cancer Institute）的科學家共同進行的研究，證實了這些結果。這一次，研究人員調查表達性寫作可能會對乳癌患者造成哪些影響。

哈佛大學研究的結果顯示，表達性寫作的確很有可能可以安全取代傳統療法，幫助乳癌病患面對預後與治療方案。這種活動也可幫助患者更適當地理解、處理與接受自己的感覺。病患在書寫情緒後，表示有解脫的感覺。除此之外，研究人員發現這些患者的生理症狀也有大幅改善，而且這些進展可都是僅僅連續四天、每天實行的短暫表達性寫作活動所促成的！

▼爲何寫作日誌會改變生理機制？

我們知道表達性寫作會引發身體特定的生理與生物化學的變化。科學研究屢次證明，人在書寫自己的感受時，生理機能會產生變化，肝功能會改善、壓力荷爾蒙會減少，血壓也會回歸正常。事實上，在表達性寫作的活動之後，健康的免疫系統經研究證實幾乎每一個標記都有所改善。

詹姆斯・潘貝克教授在一九九三年發表的一篇論文中，首度說明表達性寫作可以治療各種健康疾病的概念。潘貝克教授觀察到，受試者在紙上抒發感受並參與表達性寫作活動，不出幾天，「生理機制便有了大幅改善。」

更有趣的是，在分析受試者寫作關於創傷的內容，並且交叉比對他們的用詞與實驗結果之後，潘貝克發現受試者在文字中表達的情緒強度和深度，與之後產生的健康進展有密切關聯。這個發現意味著，我們愈去面對自己的感受，預期得到的結果就會愈好。然而，潘貝克在研究中提出最令人好奇的見解之一，是表達性寫作與自律神經系統之間似乎存在特別的關係。

自律神經系統連結大腦與所有主要的身體器官，並且控制我們體內大部分是在無意識情況下運作的過程，它支配我們的心跳速率、消化機制與呼吸。幾乎任何在我們無意識下發生的生理功能，都受到自律神經系統的控制，譬如唾液的分泌、流汗、瞳孔放大、排尿、呼吸、消化、吞嚥，甚至是性反應。自律神經系統會直接影響情緒。舉例來說，我們感到害怕時，會口乾舌燥、瞳孔放大；尷尬時，臉會開始泛紅；感到緊張時，大多會覺得胃痛、手心冒汗；而覺得焦慮時，通常會呼吸急促、心跳加快。如果自律系統不能正常運作，身體的所有生理過程都會受到影響。

表達性寫作與自律神經系統的關聯，可能是這項活動如此有益於生理健康、以及有效影響諸多慢性疾病的關鍵。我們在思考自律神經系統與基本生理功能的密切關係時，不難理解表達性寫作為什麼似乎能對眾多常見的健康問題造成重大影響。如果表達性寫作可以立即且持久地影響自律神經系統，那麼這項活動也能對所有主要的身體系統與相關器官造成程度不一的作用。

這解釋了寫作活動為何能在基礎與保守醫療照護上普遍具有治療效果，又為什麼會有愈來愈多的醫生要求各種健康疾病的患者進行這項活動。然而，如果表達性寫作可以幫助人體的自律神經系統如此快速地恢復健康、提升免疫功能，並改善主要器官的運作，就表示它也可以預防這些健康問題。

目前有強力的證據顯示，倘若我們在相對健康與沒有病症的情況下實行表達性寫作，幾乎可以確定有助於預防許多形式的慢性、退化與危害生命的疾病。在維持健康與防範慢性疾病這方面，表達性寫作無疑是我們可以學習與實行的有力生活技能之一。

第五章

捕夢網

爲何生活日誌可揭露潛意識暗藏的祕密

「為什麼在夢裡看事情，比清醒時想像還要清楚？」

——達文西

二〇一一年十一月，桑妮·英格斯正參加一場賽跑。她遠遠跑在前頭，她的先生開著車跟在旁邊，他揮手示意她停下來。「妳得退出這場比賽。」他說。桑妮一臉訝異地看著他，「你在開玩笑嗎？我領先耶。」但她先生堅持要她停止跑步，桑妮只能作罷。他們一起開車回家。進了屋內，桑妮瞥了一眼鏡中的自己，發現不太對勁。「我在鏡子裡看到，」她說，「我喉嚨左邊腫腫的。」她的母親站在一旁，看起來顯然在發抖。桑妮不知道發生了什麼事，但她出於本能地告訴母親自己沒事。那是桑妮從夢裡醒來之前記得的最後一件事。

醒來之後，桑妮與家庭醫師預約看診，只是想確定一切都沒事。經過徹底的身體檢查後，結果證實她罹患第一期浸潤性乳癌。桑妮早期發現乳房裡的腫瘤，而經過手術移除，加上服用一次療程的泰莫西芬後，她完全康復了。「我覺得是那個夢救了我。如果沒有及早發現腫瘤，我現在不知道會變得怎樣。」

桑妮在作夢之後被診斷出罹患乳癌，是巧合嗎？還是潛意識會在夢中向我們傳達某些訊息？我們可以從夢境中學到什麼嗎？這是一個數千年來讓人類始終好奇的主題。古代文明認為夢是神祕難解的，有些人還認為是上天在向我們傳遞訊息。畢竟誰能忘記在《舊約聖經》裡，約瑟替法老解夢、後來成為他得力助手的故事！

傳統的學者求助於柏拉圖與亞里斯多德，這兩位人物據說都發展出解夢的架構。他們認為夢境揭露人的潛意識，牽涉未獲滿足的欲望與內化的情緒矛盾。

上個世紀，科學界揭開了夢境背後的一些祕密。今日，我們對於夢的本質所了解到的知識遠遠超越古代的哲學家，我們知道夢是大腦神經活動的展現，也是潛意識思維的一種形式。

精神分析學家認為夢境裡的意象、象徵與情節，通常蘊含關於生活的深層意義。他們主張不同的夢境對於不同的人都有不同的含義。然而，科學家對於夢境意義的知識，都是透過一個重要的工具而來——夢境日記。假如我們沒有詳細記下夢的過程，在我們睡覺時發生的所有事情、所有潛意識的想法，很快就會被遺忘，而且永遠都會是個謎。

▼作夢的科學

如果要了解夢境代表什麼意義、以及如何利用它們來改善日常生活，我們必須先認識作夢的本質與科學。解夢學主要在研究作夢的生物過程與各種影響夢境的機制。夢理學家檢視大腦的神經機制，分析人在睡覺時的腦波，以試驗與理解夢的本質、目的與起源。

五〇年代的學者之中，納撒尼爾．克萊特曼（Nathaniel Kleitman）與學生尤金．阿瑟林斯基（Eugene Aserinsky）率先發現睡眠週期——人在睡覺時會出現的特殊大腦活動階段。我們睡覺時，大腦中的電子活動會改變，從睡著的人身上輕易可見明顯的變化；阿瑟林斯基注意到人在睡眠期間，眼皮底下的眼球會不時抽搐，睡眠者的眼球會上下左右不停轉動，身體的一些部位也會不時移動或抽動。科學家將這種現象稱為「快速動眼期」（rapid eye movement，REM）。測謊機也證實大腦在快速動眼期中會出現不同的活動。阿瑟林斯基與同事證明，最清楚的夢境就是發生在快速動眼期。

今日，有高端科技的睡眠實驗室在受試者睡覺時，利用大腦X光儀器掃描他們的腦部。研究人員小心控制實驗的進行，在受試者睡眠週期的特定時間點叫醒他們，並且核對與分析神經系統的資料。經由這個方式，我們知道動物也會作複雜的夢。科學家觀察到貓、狗和鳥等各種動物也跟人一樣，在睡覺時會經歷快速動眼期。人類不是唯一在睡覺時會記憶與回想夢中所有事件順序的動物。研究顯示，許多物種也具有完全相同的睡眠模式。動物的大腦在深層睡眠（慢波睡眠）週期之後，會出現像是清醒時有的腦波，哺乳類、鳥類甚至爬蟲類，也都證實在睡覺時會經歷快速動眼期。

雖然夢理學家可以解釋引發夢境的生理過程，但他們無法說明夢境可能代表的意義。研究人員證明大多數的人每天晚上平均作夢兩個小時，每次夢境持續的時間約在五到二十分鐘。但是關於夢從何而來、是哪些心理因素引起夢境以及——或許是最有趣的——夢蘊含哪些意義等問題，夢理學家依然不得其解。想解開這些問題，我們需要向心理學家求助，或者更具體而言，應該請教精神分析學家。

「解夢是了解內心潛意識活動的捷徑。」——佛洛伊德

一九八五年七月二十四日，靠近奧地利格林欽（Grinzing）的貝爾維尤（Belle Vue）莊園，知名精神分析學家西格蒙德・佛洛伊德，首度提出他對於夢境含意的理論。過了四年多，他出版《夢的解析》（*The Interpretation of Dreams*）。首刷印了六百本，過了八年多才賣完。但一個多世紀之後，世界各地的大專院校都在教授佛洛伊德的理論。

在《夢的解析》的開頭，佛洛伊德承諾會揭開夢境不為人知的含意，並且加以分析：「接下來的篇幅中，我會闡述可以解釋夢境的心理技巧，透過這個方法，我們可以把每一個夢都看作有意義的心理結構，將它們套入我們在清醒狀態下精神活動裡某個適當的位置。」

佛洛伊德認為夢境是各種形式的「欲望滿足」，也就是潛意識的自我嘗試解決內化衝突的行為。這些衝突可能與最近的經驗有關，或是很久以前發生的事件所遺留的記憶，甚至還可追溯到童年時期。

佛洛伊德理論的基礎主要衍生自對於夢境的分析（包含自己與病患），並且將夢境對應到作夢者在生活上出現的心理問題。佛洛伊德的解讀具有爭議，尤其是他提出的戀

母情結（Oedipus complex）理論——子對母、或女對父的性欲受到壓抑的心理活動。佛洛伊德表示這種情結往往表現在一個人會追求長得像自己父母的性伴侶（男人追求讓自己想起母親的女性，但相似之處不一定是外表等生理特徵；反之亦然）。

有賴更先進的數據與實證資料蒐集方法，精神分析領域自此開始發展。然而，支持這個領域研究的工具是夢境日記。研究人員請受試者在床邊放一本筆記本，醒來後寫下夢境或是所有依然記得的事物。

「有些人看到夢境成真，問為什麼會成真？有些人夢到從未發生過的事情，問為什麼沒發生？有些人忙著工作，根本沒時間問這些問題。」

——美國喜劇演員喬治・卡（George Carlin）

▼夢境日記

夢境日記幾乎已成為所有睡眠研究的必備元素。研究人員在睡眠週期的特定時間點叫醒受試者，在受控條件下記錄夢境。藉此，研究人員得以將特定的夢境與類型，對應至大腦的特定睡眠階段與神經活動。如今，我們知道有關夢境與作夢者在夢裡經歷各種情緒的大量資訊；夢境開始有明顯的共同主題——牙齒掉了、自己在飛、跌倒、被跟蹤或有人在後面追趕，這些都是許多人不時會夢到的情境。

夢境日記讓科學家能夠比較不同國家、文化與社會的人所做的不同夢境，以了解夢與現實生活的關聯。經由這個研究，我們知道夢並不是隨機產生的幻想。夢是潛意識的自我創造出來的，而且大多會出現熟悉的人、地方與物品。

佛洛伊德認為，「夢不過是在睡眠的條件下才有可能出現的特定思考形式」。大衛・佛克斯（David Foulkes）博士在數個睡眠實驗室裡，利用現代儀器進行三十多年的睡眠研究，得到的結論都是：「夢是非自願的象徵性行為。」它們源自於我們的知識與經驗，因此，作夢是一種思考的形式，而不是抽象與無意義的經驗。

目前學界尚未完全了解夢除了反映生活經驗與人格特質外，是否還蘊含其他意義，可以確定的是，夢來自於我們的潛意識思想，因此可以幫助我們從自我的角度去透視心中最深層的欲望和恐懼。心理學家阿爾弗雷德・阿德勒（Alfred Adler）主張，夢境在本質上必定具有解決個人問題的功能。阿德勒堅信夢是因應人在日常生活中的問題與挑戰而生。在夢裡，我們會尋找符合自我核心價值觀與信念的解決方式，而我們完全可以合理假設，生活問題與挑戰的解決方法可能會以象徵的形式出現。

夢的主要問題在於它們很快就會被遺忘，夢中的影像與情節可能在作夢者醒來的幾分鐘內就會悄悄消失。夢理學家的研究顯示，人如果在快速動眼期醒來，比較能夠回想起夢境。這段期間是作夢者最沉浸在夢境裡的時間點。但是可以幫助我們從夢中學習、或許還能更加了解自己與生活的重要工具，就屬夢境日記了。在床邊放一本筆記本與一枝筆，我們便可以竭盡所能地記錄與探索夢中的世界。

一般普遍認為夢代表我們在現實生活中壓抑的深層憂慮，對於不同的人，象徵蘊含的意義各有不同。有鑑於此，我們希望解開夢的謎底、以及了解夢所代表的含意或從中可以學到東西的唯一方法，就是準備一本夢境筆記本，盡量記下我們在夢中的經歷。

毫無疑問，有了夢境日記，我們更能夠去探索自己的夢中世界。如果不記錄夢境，我們作的夢與背後的含意將永遠都是個謎。寫作夢境日記，讓我們有機會了解一般情況下不為人知的潛意識自我。我們也許可以發現有意識的自我怎樣都無法看清的真相。說不定有一天，我們還會像桑妮一樣，在夢裡找到拯救自己的訊息。

第六章

寫作減重法

爲什麼生活日誌有助於永久減重？

「節食不能有效解決肥胖的問題……醫療保險制度不應該補助減重計畫，作為肥胖的療法。節食的好處太少、潛在的危害太多，因此不應該建議將節食當成安全、有效的減肥方法。」

——加州大學洛杉磯分校心理系副教授翠西．曼恩（Traci Mann）

二〇一四年，全英國有超過兩百九十萬、全美超過一千零八十萬名男性與女性都在試圖減重，這些人在減重的藥丸、粉末與各種療法上，總計花了數百億美元。有些人加入健身房，有些人參加專家指導的減重計畫，其中往往包含一週量一次體重、購買印有品牌名稱和「獲得許可」的食品，還有計算卡路里或食物「分數[1]」。光是英國的減重族群，在有品牌的「低脂」與「無脂」食品上，就一共砸了二十多億英鎊。他們每個人平均都曾經有五次嘗試減重的經驗，在這當中，總共花了兩萬五千英鎊。到了最後，儘管他們付出那麼多的時間、金錢與心力，卻有超過九成的人變得比減重之前還要胖！

官方數據顯示，英國有超過百分之六十五——美國有三分之二——的成人屬於過重或肥胖。以醫學術語而言，這表示他們累積過多的體脂肪，可能會危害健康。這項調查考量多項精確的測量值，包含根據體重與身高計算而出的身體質量指數（BMI）、以腰圍與臀圍比例判定的脂肪分布，還有整體心血管風險因素等。然而，肥胖的人不只比較有可能罹患心血管疾病，出現其他許多慢性與重大疾病的風險也大幅增加，像是第二型糖尿病、癌症（尤其是子宮內膜癌、乳癌與結腸癌）、高血壓、中風、肝膽疾病、骨關節炎（軟骨與關節內基礎骨骼的退化）、婦科問題（如月經不規則與不孕）、睡眠中止

---

1 出自體重守護者飲食法（Weight Watcher Diet），這套飲食法則將每一種食物都賦予一個分數，數值愈低，表示食物愈健康。

症及呼吸問題。

根據歐洲肥胖研究協會（European Association for The Study of Obesity）的報告，過重與肥胖是全球死因第五名，每年奪走超過兩百八十萬名成人的生命。二〇一五年，官方數據指出，美國有三分之一、英國有四分之一的人口屬於肥胖標準，這些數據也逐年增加。自八〇年代以來，屬於肥胖族群的人口增加了一倍多，而在多數的工業化國家裡，這些數據正以驚人速率上升，其中不只包含成人，更令人擔憂的還有兒童。

不難看出，為什麼肥胖被認為是二十一世紀最嚴重的公共健康問題之一。眾所皆知，肥胖完全可以避免，但它卻推動著生生不息的全球減重產業，每年靠著大部分不但沒效、還可能使肥胖問題惡化的產品與療法，賺進數十億美元。

為什麼節食反而會讓人變胖？

如果你曾經試過利用節食來減重，不論那是多少年前的事，現在你的體重很有可能比第一次節食之前還要高。你可能買了專家減重產品，或一度實行特殊飲食；經過前幾個星期，或幾個月後，這個方法甚至開始奏效；也就是初期你也許會減掉一些體重，並對自己的進展感到開心。不過事情的真相是，很有可能（我這麼說的意思是有超過九成的機率）在僅僅兩年後（如果沒有提早發生），你減掉的所有體重會胖回來，而且還多了一些。

《美國心理學家》（*American Psychologist*）在二〇〇七年四月刊登的報告指出，約有百分之五到十採用減重飲食的人，會在開始的六個月內減掉一些體重；但長期追蹤之後，學者們得到了令人震驚的結果；加州大學洛杉磯分校的研究人員發現，對少數人而言，節食只能維持體重。他們蒐集了追蹤節食者二到五年之久的研究，並且加以分析。這些資料呈現確切的結果，絕大多數節食的人，最後都比開始節食之前還要重。

加州大學洛杉磯分校心理系研究生、也是該份報告的共同作者珍娜・富山（Janet Tomiyama）表示，「有好幾項研究都表明，其實節食一向會預示體重的增加。」事實上，這份報告發現，「在追蹤減重者的這四年裡，最能預測體重增加的指標之一，就是他們在這項研究開始之前曾透過節食減重的事實。」

加州大學洛杉磯分校心理系副教授翠西・曼恩指出，在長期追蹤肥胖患者的專題研究中，曾經節食的受試者之中，百分之八十三的人只過了兩年體重就比節食之前還要多。另一個研究也證實這種現象，半數的節食者在五年之後，體重比原先節食之前多了五公斤。曼恩做出結論，「對大多數的人來說，節食不能促成持續的減重或帶來健康益處，它無法有效治療肥胖。」

▼飲食日記的力量

如果減肥食品與節食對減重沒有效用，那什麼才有效？回到二〇〇七年，這是凱瑟醫院健康研究中心（Kaiser Permanente Centre for Health Research）的人員正在探究的問題；他們監測一千六百多名過重與肥胖的男性與女性五個月的時間。受試者一週進行一次團體課程，期間研究人員說明各種會影響體重的生活方式。如你所預料的，這些課程包含關於飲食與生活方式的基本資訊，研究不同的食物如何影響新陳代謝、食物的類型對心臟與循環系統會造成什麼影響，以及過量的酒精會對身體產生哪些作用。

之後，受試者被分為兩組；第一組必須每天寫飲食日記，記錄每天吃進或喝下的所有食物；第二組作為對照組，不必進行任何的寫作活動。五個月後，研究人員發現，飲食日記發揮了預期的效果。對照組的受試者平均減掉將近六公斤，但是，一週至少寫五天飲食日記的受試者，減掉的體重幾乎是未減重者的兩倍。更重要的是，過了幾年，不同於對照組，每天記錄飲食的受試者依然沒有復胖。

寫飲食日記的人形容這個經驗「令人愉悅」，並認為自己之所以能夠順利減重，是因為徹底意識到每天都吃了哪些東西。六十四歲法蘭克．比策是這項研究的參與者，他減掉快十八公斤，而且經過了四年依然維持體重。他將成功的保養歸功於飲食日記。他說，「日記讓我知道食物的選擇有多重要，即便飲食只有些微改變，像是吃一碗冰淇淋或一個起士漢堡。」

對於食物攝取的意識提升，似乎是減重的關鍵因素。美國南卡羅萊納醫學大學體重管理中心主任派崔克・奧尼爾（Patrick O'Neil）博士對此表示同意。「大部分的人並不清楚自己吃了多少東西。」他說，「我們的記憶非常仁慈。」許多實行「低脂」或「無脂」飲食的人，完全不知道自己實際上吃了多少的食物，誤以為低脂食物不會讓人變胖，最後反而吃得比原來更多。

低脂的標籤只不過是有力的行銷手法。多項研究顯示，就體重過重的人而言，吃下的低脂食品的量會多於非低脂食品，最高甚至多出百分之五十的量。這或許是因為人們普遍誤以為低脂食品比其他食物少了許多卡路里。即使是體重在標準範圍內的人，也會大大低估低脂食品的卡路里數。某項研究中，體重維持在健康範圍內的消費者，估算標示低脂的一份袋裝燕麥含有一百四十一卡熱量，但其實它包含了兩百〇一卡，比他們想的高了四成多。換作是體重過重的人，對食物卡路里的估計與實際數值之間的差別更為明顯。或許是一廂情願或者自欺欺人，經研究證明，肥胖者低估低脂食品的卡路里的誤差達到百分之五十七。

書寫飲食日記，意味著我們再也不能欺騙自己，必須誠實面對自己吃了多少食物或攝取多少熱量；必須記錄自己吃下的每一樣食物這件事，的確迫使我們更加注重自己的飲食習慣。飲食日記突顯了我們飲食模式的所有缺點，如果沒有這麼做，我們很有可能依然對這些事實一無所知。

寫飲食日記的另一個關鍵是，它讓醫生或營養師得以更全面地了解病人的飲食，不只是患者吃了什麼東西，還有他們吃這些東西的時間、甚至原因。飲食日記要求寫作者記錄細節的程度，旨在揭露會引起我們衝動飲食的事物。如果沒有個人書寫記錄的幫助，就連飲食者本身都不會察覺這些隱藏的習慣。

這項研究的作者維多．史帝芬斯（Victor Stevens）博士相信，飲食日記不只能讓我們更清楚自己一整天下來吃了、喝了哪些東西，它的主要優點之一，是揭露每個人減重過程中的潛在問題，而這些記錄對於正確減重方式的發展，具有無價的意義。一旦我們知道自己吃了哪些食物、以及在什麼時間與出於什麼原因進食，便能夠輕鬆容易地利用正確的方法來減重。

此外，飲食日記也讓我們能夠控制對自己設定的目標負責，這裡指的目標包含每日攝取的熱量限制、食物的性質與品質、一天進食的次數，還有可能涉及或激發飲食欲望的任何事件或情況。

有了病人記錄的飲食日記，醫生便能找出可能導致體重增加的問題線索、肇因與習慣。不過，飲食日記真正的力量來自於它的彈性。如果病患詳細記錄攝取的食物，營養師就能因應個人需求——像是卡路里控制、健康飲食或生活方式——來調整減重計畫。

至於極度肥胖患者的全面體重管理策略，光是寫飲食日記可能還不夠，史帝芬斯認為在這種情況下，患者如果參加減重團體，也許可以擴大飲食日記的助益。因為定期與其他減重者聚會，會為病患帶來社會責任、加深個人的決心。如果無法參加正式的減重課程，史帝芬斯建議有意減重的人，「與一些朋友組成團體，一起承諾互相幫助。」然而，就科學的角度而言，任何希望減重的人，最好還是定時運動、飲食均衡、減少飲酒，還有寫飲食日記。

第七章

邁向成功

爲何生活日誌有助於成功與實現夢想

「成功是逐步實現值得的理想。」

——厄爾・南丁格爾

你面前站著三個人，他們分別是大腦外科醫生、舉世聞名的搖滾巨星與辦公室清潔工，依照你衡量成功的標準，你會如何排序他們？假如這位大腦外科醫生破產了，你會改變排序嗎？假使這位搖滾巨星有快客古柯鹼的毒癮，可能會因為毒品交易而坐牢，你會怎麼想？又如果那位辦公室清潔工或許沒受過教育，其實是管理著一群清潔全國各地辦公室的員工的千萬富翁呢？

多數人傾向將成功與兩個因素——物質財富和專業地位——聯想在一起，根據職稱、銀行存款、住家的大小與地點、穿著的服裝及開的車子，來評判一個人。就連牛津辭典對成功的定義，也是「獲得名聲、財富或社會地位」。然而，真正的成功與地位、名聲或財富無關，這些都是可以完全憑運氣得到的。社會地位可以從父母那兒繼承；財富可以由得到遺產或中樂透而來；名聲雖然聽來一瞬即逝，但如果只是在實境電視節目上短暫出現，也可算是成名。如果名聲、財富與社會地位是衡量成功的標準，那麼有很多人都稱得上是成功，即便他們可能一事無成、毫無貢獻。

回到牛津辭典，我們會發現成功的主要定義是「實現目標或目的」；換句話說，當你設定目標並達到它，就算是成功。因此，倘若沒有制定個人目標，就不會有個人的成功。從反面來說，我們設定與達成愈多的目標，就會變得愈成功。那麼我們要如何增加達成人生目標的可能性呢？如果想找到答案，我們只需要研究那些已經實現人生重大目標的人有哪些習慣與實踐，並且尋找可以佐證這些因素的科學研究。

▼成功絕非僥倖

成功是有跡可循的。我在東尼．羅賓斯（Tony Robbins）舉辦的座談會上，第一次聽到這句話。我認為這句話所言甚是。到目前為止，跟隨成功人士的腳步是通往成功最輕鬆、也最聰明的路徑。即使我們只是粗略研究歷史上最成功、最具影響力的人物及最偉大思想家的成就，也能發現一個不可否認的共通點——成功的人大多積極寫作，也會書寫筆記。他們會花時間記下想法與計畫、以及目標與抱負。成功的人會寫作生活日誌。

麥爾坎．葛拉威爾（Malcolm Gladwell）在自己的暢銷書《異數》（*Outliers: The Story of Success*）中主張，「成功不是隨機發生的。」它源自一連串可預測且強而有力的情況與機會。然而當情況與機會互相牴觸時，假如你沒有事前做好準備，很少會成功。生活日誌正可以幫我們做好成功的準備。透過生活日誌，我們可以建構想法、制定策略與回顧結果。

理查的故事

聽說理查是一個有點奇怪的青少年，他在學校的課業表現不佳，而當他年僅十六歲就決定離開全日制教育時，老師們一點也不意外。斯多中學（Stowe School）——

理查就讀的私立寄宿學校，位於英格蘭白金漢郡——校長羅伯特·德雷森（Robert Drayson）之前就預料，理查長大後不是坐牢，就是成為百萬富翁。結果，德雷森一語成讖。

理查年僅二十一歲時，就因為疑似詐騙英國海關而遭到逮捕（雖然他同意補繳未付的稅金與罰款，因此未遭起訴）；過了幾年後，他不只成為百萬富翁，身價還高達數十億美元。他創立的公司後來擴大為全球性的帝國，創造超過四百多個知名品牌，橫跨音樂與航空等多項產業。

毫無疑問，當年的男學生就是理查·布蘭森（Richard Branson）爵士，他是維京集團（Virgin Group）的創辦人與所有人。根據《富比士》二〇一四年全球億萬富豪排行榜，理查·布蘭森爵士擁有四十九億美元的淨資產，比英國女王的財產多了約六倍。有人問布蘭森，他求學時期飽受閱讀障礙所苦，成功的祕訣是什麼；他說他有寫筆記的習慣。布蘭森認為一生勤於書寫筆記，是他成功的關鍵因素。「假如我當初沒有養成想到什麼點子就隨手記下來（或者更重要地寫下別人的主意）的習慣，今天我不一定會有這些成就。」他說，「維京旗下一些成功的企業都是在不經意的情況下誕生——如果我們沒有寫下筆記，這些企業永遠都不會出現。」

「任何渴望當老闆的人，都必須養成寫筆記的習慣。我不管走到哪都帶著筆記本。」

——維京集團的創辦人與所有人理查・布蘭森爵士

歷史上成功人士的共通點

當然，理查・布蘭森爵士不是唯一一個認為寫筆記對事業與人生至關重要的人。二十世紀的股神與波克夏・海瑟威（Berkshire Hathaway）的董事長、總裁兼最大股東華倫・巴菲特（Warren Buffett）也有同樣的習慣。巴菲特屢次登上全球富豪排行榜。他在二〇〇八年獲評為世界上最富有的人，二〇一一年則排名第三。然而，除了財富之外，巴菲特也被公認為是現代最具影響力的人物之一，而他跟布蘭森一樣，也相信寫作日誌在他做的每一件事情上都發揮了正面的效果。

雖然寫日記是傑出人士的共同之處，但光是這個關聯，並不足以證明日記與成功之間有因果關係。無論如何，目前有大量研究證實理查・布蘭森爵士的主張，指出寫作的確在成功這件事上扮演重要的角色。生活日誌不是成功的附屬品，而是一個必要的元素。

「如果你想獲得成功，只要找到仿效前人成功經驗的方法就夠了。」
——《激發心靈潛力》的作者東尼・羅賓斯

▼神話中蘊含的訊息

過去五十年來，幾乎每一個頂尖的勵志演說家、心靈作家與成功大師都一再講述同一個故事，他們利用這個故事作為範例，來證明設定個人目標以至書寫個人目標的重要性，以及寫作的習慣與敘述目標這些因素，如何幫助我們達到這些目標，最終帶來成功的人生。

我第一次聽到這個故事，是二十五年多前在東尼・羅賓斯寫的《激發心靈潛力》（*Unlimited Power*）裡讀到的。故事是這樣的：

一九五三年，耶魯大學（或哈佛大學，端看是誰講述故事）的畢業生，被問到他們是否有明確寫定的目標。不到百分之三的應屆畢業生回答有。二十五年後，研究人員追蹤並再次調查同一群學生。根據這個故事，當初寫下目標的那些學生，過了二十五年後，比其他同儕還要更快樂、更健康且更富有。事實上，這群在大學時期有寫下目標的學生的淨資產，明顯比其他百分之九十七、沒有記下目標的學生還要多。後來發現沒有任何證據可證明這個故事是真的。耶魯大學與哈佛大學的教職員也證實，據他們所知，學校從來沒有進行過這種研究。這個故事很有可能只是一個都市傳說。但是如同許多神話，這個故事所蘊藏的訊息，其實包含了真相的一大要素。

「一個好的目標，會讓你有點害怕，同時非常興奮。」

——喬・維泰利（Joe Vitale）

多明尼克大學的研究

蓋兒・馬修斯（Gail Matthews）是加州多明尼克大學（Dominican University）的心理系教授。在臨床心理學家的工作中，馬修斯教授主要研究伴侶治療、焦慮症與人生的轉折階段。雖然如此，她也是一位生活與職涯的教練，熱中研究成功心理學及有助於人生成功與實現的因素。

馬修斯聽過之前提到的目標設定調查，但為了追溯這項調查的來源，她進行廣泛研究後發現，這幾乎可以確定是虛構的故事。耶魯大學與哈佛大學的行政人員都找不到相關的紀錄。這項調查從來沒有發生過。由於這個故事廣泛流傳，而且有非常多的專業教練都在課程中引述它，因此馬修斯教授決定探究把目標記下來與達到成功有關的潛在假設。她想知道書寫目標是否真的有助於成功，於是自行設計研究來驗證這個假設。

馬修斯募集兩百六十七位受試者，他們來自不同的國家，擁有不同的背景與職業，包含企業家、教師、醫療照護人員、藝術家、律師、銀行家、行銷人士，以及各行各業的上班族。所有受試者都被隨機分到五個組別的其中之一：

- 第一組只有一個任務，就是在接下來的四個星期中，思考自己的目標。
- 第二組必須在線上問卷寫下目標。
- 第三組必須在線上問卷寫下目標，並且擬定達成目標的計畫。
- 第四組必須在線上問卷寫下目標，擬定達成目標的計畫，然後將計畫寄給一位可以幫助自己的朋友。
- 第五組必須在線上問卷寫下目標，擬定達成目標的計畫，將計畫寄給一位可以幫助自己的朋友，並且每週交進度報告給朋友。這一組的所有受試者每週都會收到遞交進度報告的提醒訊息。

所有的受試者都應研究要求評比目標的困難度與重要性，以及評估自己有多少技能與資源可以達到目標。此外，受試者也寫下對於每一個目標的決心與動力。馬修斯也調查受試者是否曾經嘗試相同的目標，如果有，再請他們回答是否有成功達成。

為期四週的實驗結束後，馬修斯請受試者評比各自的進度。有一百四十九人完成這項調查，而她得到了決定性的結論。

第四組與第五組達成目標的程度最高，但是第二組到第五組的評分，全都遠高於第一組的分數。這是第一次，科學確切證明了寫作個人目標的力量。馬修斯指出，明確描述目標的受試者，達到目標的程度「遠遠高於」那些沒有把目標寫下來的受試者。

除了記下目標之外，向可以提供協助的朋友表明達成目標的決心與回報進度，也讓這個記錄個人目標的活動更有效益。

二〇一五年五月，雅典教育與研究協會（Athens Institute for Education and Research）的心理研究單位所舉辦的第九屆年度國際會議上，馬修斯發表了這項研究。這是支持哈佛大學／耶魯大學神話的科學證據——**把目標寫下來，是成功的關鍵因素**。

人們很久以前就知道，制定目標可以增進動機、毅力與提高成就。好幾百項不同設計的研究指出，設定目標可以大幅增加成功的機會。馬修斯的研究，率先徹底證實這個神話的訊息；不論你的夢想與抱負是什麼，如果你花時間把它們寫下來，達成目標的機率將會提高百分之三十到五十！

「成功是目標，其他都是這句話的註解！」
——博恩・翠西（Brian Tracy）

▼十五分鐘的反思性寫作就能提升工作效能

根據哈佛商學院於二〇一四年三月發表的研究，一天的工作結束後，花短短十五分鐘的時間進行「反思性」寫作（reflective writing），就可以大幅增進工作表現。

哈佛商學院教授法蘭西絲卡・吉諾（Francesca Gino）會在每一堂課結束後，撥出幾分鐘的時間記錄教學心得。這項筆記包含她與學生在課堂上提出的意見，以及她從課堂討論中得到的任何有助於往後教學的見解。用這種方式做筆記會占用一些工作時間，但吉諾教授認為這個習慣確實對工作有幫助。另外，她也領悟到這個簡單的寫作活動是否具有某種提升教學能力的元素，如果是，這個活動有可能運用在其他的工作上嗎？

吉諾教授與研究團隊設計了一系列在工作場所進行的反思性寫作實驗。這些實驗的結果都證實，反思性寫作可以顯著提升工作效能。然而，其中一個最能突顯這種作用的實驗，在印度班加羅爾（Bangalore）一間名為威普羅（Wipro）的外包服務公司裡進行。

這項實驗將這間公司的新員工分成三組。

第一組的每位員工拿到一本日記，必須在每天工作結束後，花十分鐘寫下工作心得。

第二組的員工也進行相同的活動，但必須在寫作之後，花五分鐘與其他新進員工討論筆記。

第三組則作為對照組；也就是另外兩組員工進行寫作的同時，他們繼續工作。

有趣的是，即使參與反思性寫作活動的人的工作時間比對照組還要少，產能卻高出百分之二十二點八。吉諾教授解釋，「人如果有反省的機會，自我效能就會大幅提升。他們會更加相信自己可以成功，因此會更努力工作與學習。」

另一項在密西根大學羅斯商學院進行的研究，也得出同樣的結論。這項研究發現，從事募資工作的人只花兩個星期在筆記本裡寫下自認為這份工作對他人有何影響，工作產能就增加了百分之二十九。**記錄想法**的這個行為，讓受試者更加了解自己的工作與希望達成的目標，因而更有工作的動力。

這些研究證明，生活日誌對於個人的成功是多麼重要。前面我們已經看到，進行表達性與反思性寫作的人往往都能在從事的活動上有更好的表現，生產力也遠遠超越不花時間寫作的人。此外，科學家也已表明，那些記錄目標且經常檢視目標的人，與沒有這麼做的人相比，達成目標的可能性至少高出百分之五十。

這些證據顯示，如果我們希望得到最好的成功機會，那麼沒有比寫生活日誌更重要的事情了。在一天當中花個幾分鐘記下目標、好好思考，然後寫下自己的想法與感受。不論你有什麼抱負——不論你從事什麼工作、屬於哪個產業——生活日誌都將增加成功的可能性。

第八章

時間的主宰者

爲何生活日誌有助於掌握時間與人生

「時間等於生命。因此浪費時間，就是浪費生命；掌握時間，就是掌握生命。」

——暢銷書《掌握你的時間與生命》（*How to Get Control of Your Time and Your Life*）作者艾倫．賴金（Alan Lakein）

美國西阿拉巴馬大學輔導處設有一個部門，負責幫助與建議學生如何有效管理時間。在警告學生保持平衡、健康的生活型態之後，他們給的第一個建議就是「從寫作中獲得力量！」

「從寫作中獲得力量。養成把事情寫下來的習慣……你的心應該用來思考大局，而不是記錄所有的細節。細節固然重要，但你可以利用筆記來整理它們。如果你想要管理細節，就必須先評估它們的重要性。寫筆記可讓你更容易記得所有需要完成的事情。」

當然，這個建議不只限於西阿拉巴馬大學的學生，幾乎世界各地的大學都會給予學生相同或類似的建議；這麼做的原因很合理：寫筆記可以讓你比那些不寫筆記的人，做更多事情、記得更多東西、達到更多的成就。

透過寫作可以有效管理時間的概念並不新奇，十九世紀備受尊崇的小說家維多．雨果就寫道：「每天早晨計畫當天的事務，並且執行計畫的人，將能跟隨線索走出繁忙生活的迷宮。相反的，如果沒有計畫，讓時間就這樣隨著事情發生的機會流逝，很快就會陷入混亂。」

但是，科學又是如何看待寫作對於時間管理的影響呢？

▼艾維李的時間管理法

二十一世紀的今天，有一個產業對我們所做的每件事、每個決定的影響，遠遠超越其他產業，它也是最富有的產業之一，在全球價值估計超過一百二十五億美金；這個產業就是公關業。儘管公關業在現代世界中占有一席之地，但它在二十世紀初尚未出現，當時也沒有人聽過這個行業，而它在政治、社會與經濟上之所以扮演如此關鍵的角色，主要是因為一名哈佛大學的退學生艾維李（Ivy Lee）。

艾維李因為繳不出學費從哈佛法學院退學後，進入新聞業，替《紐約新聞報》與《紐約時報》短暫工作了一段時間，之後在一九〇五年與夥伴喬治・派克（George Parker）成立美國最早的公關公司之一。根據公開記錄，他們的公司（Parker & Lee）其實是美國第三家立案的公關公司，但在歷史記載上，它是催生公關業的主要企業。

一切始於一九〇六年十月二十八日週日下午兩點二十分，一列火車以僅僅約六十五公里的時速向東行駛的途中，在美國亞特蘭大的通道橋上出軌，導致有車廂沉入近五公尺的水裡，門窗緊閉，許多乘客命在旦夕。不到半小時，好幾千人聚集在橋的兩端，儘管有人自告奮勇下水搶救乘客，仍有五十三人罹難。

艾維李身為經營這條鐵路的賓州鐵路公司（Pennsylvania Railroad Company）的公關顧問，他明白公司必須快速回應，以免記者根據傳聞與臆測做報導。他為這起意外寫了一篇簡短概要，敘述火車與軌道的背景資訊，以及賓州鐵路公司已知的所有事實。這篇概要被發送至各家新聞通訊社，是公認有史以來第一則「新聞稿」。

雖然艾維李被認為是公關業最具影響力的先驅之一，但在今日，他更為人知的成就是發明了一套出奇簡單卻十分有效的時間管理術。

厄爾．南丁格爾寫作與講述的音訊課程《出類拔萃》（*Lead the Field*）第十一課，描述讓艾維李成為商界指標性人物的故事。二十世紀初，艾維李與時任伯利恆鋼鐵公司（Bethlehem Steel Corporation）總裁查爾斯．施瓦布（Charles M. Schwab）碰面。會中，艾維李正在向施瓦布介紹公司的服務內容，施瓦布打斷他的話，對他說，「我們知道我們該怎麼做。如果你能告訴我一個更好的做事方法，我就聽你的，而且酬勞任你開，只要是在合理範圍內，我都沒問題。」

當時，李宣稱他可以在二十分鐘內提出一套讓施瓦布與其他經理的工作效率提升五成的方法。接著，他給施瓦布一張白紙，對他說，「寫下你明天最重要的六件事情。」施瓦布想了一下，花三、四分鐘寫了一份清單。之後，李請他依照重要性來排列這些工作的順序。於是施瓦布又花了三、四分鐘排序。

「現在，把這張紙放到口袋。」李說，「明天早上第一件事，就是把它拿出來，查看第一件事。不要看其他的，看第一件事情就好，然後開始進行。另外，如果可以的話，專心處理這件事，直到做完為止。之後，也以同樣的方式處理第二件事、第三件事，依此類推，一直到你下班。

「如果你只完成清單上的一、兩件事，不用擔心。其他事情可以之後再處理。如果你照著這個方式做，無法完成所有的重要事項，那麼就算採取其他方法也是一樣。而假如沒有一定的模式，你可能得花十倍的時間才能做完工作，甚至可能沒有依照重要性的順序來處理。

「每天上班都運用這套方法，」李繼續說，「等你確信這套方法的價值後，讓你的部屬們也試試。你想試用多久就試多久，之後你覺得這個點子值多少錢，就開給我多少錢的支票吧！」

故事裡，施瓦布最後開了兩萬五千元的美金支票給李，還附了一張紙條，表示從金融的觀點來看，這是最有利可圖的方法。許多歷史學者認為，李的時間管理術是改善施瓦布公司業績的主要原因。

雖然現今網路上有無數個故事版本，但我一直找不到這件事情確實發生過的證據。我不相信有任何一位企業主管會為了一個在三十分鐘的會議中給出的建議，甘願支付價值在今日等同五十多萬美金的費用。雖然如此，確實有強力的科學證據指出，艾維李的時間管理法包含有效的原則，而且這套方法本身就能大幅提高一個人每天的工作產能。

「我一直都靠清單（lists）過生活。這些清單包含各種事情，像是需要聯絡的人、需要思考的點子、要成立的公司，還有可以完成事情的人。我也會記下有待寫作的主題、要在推特上傳送的訊息，以及近期的計畫。每天，我會依照這些清單做事，而正是因為這種逐項完成任務的方法，我的想法得以成形，計畫也才能夠推展。」

——理查・布蘭森

▼時間管理與學業成就

艾維李是否因為那個建議賺了兩萬五千元美金，而這又是否改變了伯利恆鋼鐵公司的命運，我們可能永遠都不會知道。但我們可以肯定的是，寫下簡單扼要、條理分明的每日待辦清單，與顯著提升工作表現和成就，有非常密切的關係。

近期一項加拿大研究分析了一套時間管理方法的效用，這套方法就如艾維李提倡的，依優先順序排列事項，寫成簡短的清單。這項研究總結，最能預示學生課業表現優異的因素是（一）明確制定的目標，與（二）出色的時間管理技巧。事實上，這兩個因素的重要性也經證明遠高於相對傳統、常見的學業成就預測指標，譬如讀書時間、自尊心、情緒穩定度，甚至智力。

透過簡短、可調整的待辦清單，這項研究中的學生不僅學業成績有所進步，也更能夠專心學習、做事更有條理；而且不出所料，相較於沒有每天擬定待辦清單的同學，他們也比較能夠掌握時間與學業。

我們實行時間管理愈久，從中得到的好處似乎就愈多。這群學生開始管理時間的六個月後，在生活上的進步更加明顯。這意味著，我們運用簡單的時間管理技巧愈久，對於生活的幫助就愈強大。

這項研究證實，艾維李的時間管理法可說是對學生最重要的生活技巧，因為這讓他們有最佳機會在求學過程中發揮潛能。

關鍵是簡單與明瞭

艾維李的時間管理術如此有效的原因，可歸結為簡單與明瞭。加拿大大學學院研究的作者達倫．喬治（Darren George）認為有兩個原因是關鍵。

喬治針對艾倫李的方法說明，「首先，明確定義目標，也就是說，必須能夠確定目標何時完成。第二，為了獲得成功，目標的順序非常清楚，這樣你就會知道每件事情的輕重緩急。」

這套方法可確保你隨時掌握需要完成的事情，以及事情的先後順序。完成一件事之後，就接著處理下一件事。而如果有突發狀況使你無法完成正在進行的事，可以先開始進行下一項任務。等到狀況解除，再回頭繼續處理上一件事，直到完成為止。即便因為其他事情而分心，像是接到電話、有人找你、收到簡訊等，也只要在情況允許下盡快回到工作上就好。

管理時間的方法愈簡單愈好

現今市面上許多的時間管理術與艾維李的方法相比，你會注意到的第一件事是，它們為了看起來具有市場性，已經失去艾維李方法中的**簡單**性質。李提倡簡要的待辦清單，但現代的時間管理方法往往複雜得多。

許多現代的時間管理術都建立在被認為是前美國總統杜懷特・艾森豪（Dwight D. Eisenhower）所設計的方法之上，這個方法後來由史蒂芬・柯維（Steven Covey）在他的暢銷著作《與成功有約：高效能人士的七個習慣》（*The 7 habits of Highly Successful People*）中推廣。

「艾森豪時間管理法則[1]」（Eisenhower Method）將有待完成的工作依優先順序，分別列入四個象限之一。所有的工作都依照重要性與急迫性分類，然後列在相關的象限中。這個方法通常稱為「艾森豪矩陣」（Eisenhower Matrix）。工作分類如下：

1. 重要且急迫的工作（如危機、期限、問題）。
2. 重要但不急迫的工作（如人際關係、計畫、休閒活動）。
3. 急迫但不重要的工作（如有人打擾、會議、活動）。
4. 不急迫也不重要的工作（如浪費時間的事、娛樂、瑣事）。

艾森豪時間管理法則中的「重要」是指，那件事情可以幫助你達成工作與生活的主要目標，就是重要的事情；如果它與你的主要目標沒有直接關係，就是不重要。

儘管艾森豪法則受到許多知名人物的提倡（還有誰比美國總統更家喻戶曉），但許多學者卻不認為這個方法有效。加拿大大學學院的教授達倫．喬治（Darren George）就是其中一位。「我看過很多人嘗試建立與執行這種計畫，」他寫道，「但很少看到有人成功。」他認為艾森豪法則「太過複雜，因此無法發揮效果」。

艾森豪法則乍看之下十分簡單。基本上，這個法則就是依照艾維李提出的順序來完成工作，但它的問題在於試圖以這種分類來涵蓋生活的所有活動。在數位化、步調快速的現代世界裡，有太多事物吸引我們的注意力，因此就如喬治所說的，要依序完成所有的工作是「不太可能」的。

艾維李的方式則完全相反，這套系統並未包含個人事務，純粹針對工作。雖然艾維李非常清楚私人生活的重要性，但在工作期間，他把私人事務當作會讓人分心的事情。這些事物會讓你無法專注在工作計畫上。這正是他的時間管理法並未試圖將個人事務融入管理計畫的原因。根據艾維李的時間管理術，當你遇到需要處理的私人事務時，只要「解決它們，然後回頭繼續執行工作計畫」就好。

歸根究底，有效時間管理的關鍵在於**規劃**與**排序**每天的活動。在日記上列出一天的活動，這個動作很簡單，卻能非常有效地掌握時間。而且你每天結束工作之後，看到清單上的事項被劃掉，並且知道自己的時間花在工作產能上、知道自己正朝目標邁進（無論目標為何），都會發自內心地感到滿足。

1 前美國總統杜懷特・艾森豪發明的工作管理術。

第九章

會改變的記憶

爲何生活日誌可以保護記憶與個人身分

「廣記不如淡墨。」

——孔子

一九八六年一月二十八日，佛羅里達的清晨比往常還要冷，但卡納維拉爾角的天空晴朗無雲。美國太空總署最新的太空梭「挑戰者號」的發射日在前一年已經推遲了兩次，這次除了現場大批民眾的見證之外，世界各地的新聞也直播發射過程。當天上午十一點三十八分整，太空梭的火箭推進器點燃，引擎啟動，數百萬人心懷敬畏地看著太空梭升空。挑戰者號起飛五十八秒後，休士頓太空中心才發現出了問題，現場觀看的民眾也發現了——太空梭的右側開始冒煙，瞬間擴大成一團濃煙，看起來就像一支噴火槍。大家束手無策。隨後的事情發生在短短幾秒鐘內——太空梭爆炸解體，七名機組人員全數罹難。

這起事件令人深感震驚。挑戰者號的發射原本是要顯示美國太空計畫的優越地位，結果反而變成全球目睹的人為悲劇。這是美國太空總署自一九七〇年阿波羅一號起火以來，第一次有太空人喪生的意外。如同前美國總統約翰·甘迺迪被刺殺案或是九一一恐怖攻擊，這起事件令目擊民眾難以忘懷；太空梭起火的駭人景象，將永遠留在他們的腦海裡。至少，人們是這麼認為的。

挑戰者號發生意外的隔天，埃默里大學（Emory University）心理系教授烏里克·奈瑟（Ulric Neisser）展開一項實驗。奈瑟請學生們填寫有關這起事件的問卷。實際上，他們在問卷中回答自己在這場悲劇裡**看到**與**經歷**了什麼。三年後，奈瑟將同一群學生找回來，請他們填寫同一份問卷，但這次多了一個問題：**你認為自己的記憶有多可靠**？

奈瑟將新問卷的答案，和三年前意外隔天所進行的調查，進行比對，結果發現竟然只有百分之十的學生能夠準確回想起——符合之前問卷答案的——記憶。更令人吃驚的是，百分之二十五的學生在三年後給的答案，與當初回答的內容完全不同。顯然這些學生雖然對於那天的災難感到震驚，但之後大多都已不復記憶。多數學生試圖回想那起事件時，記憶嚴重扭曲，其中有大部分的人記得的細節幾乎都是錯的。

儘管我們可能會認為記憶是固定不變的，但科學家已屢次證明，事實並非如此。對於經歷過的事情，我們的記憶很少是真實、準確的記錄。我們往往以為記憶是永恆不變的，但事實遠非如此。此外根據《美國國家科學院院刊》（*Proceedings of the National Academy of Sciences*，*PNAS*）近期刊出的研究，每個人都會受到這種現象的影響，無一例外。即便是那些擁有科學家所謂「高度優越自傳式記憶」（highly superior autobiographical memory，HSAM）的人，他們的記憶扭曲的程度也跟其他人一樣嚴重。

> 「蒐集好的點子，但不要相信自己的記憶。儲存所有點子與資訊的最好方式，是寫在日記裡。」
>
> ——吉姆．羅恩（Jim Rohn）

記憶具有可塑性；它們會隨我們回想時的心情、想法與感覺而改變。這表示每次我們回顧生命中的事件，事實上都在改變當時的記憶；最後記憶通常與我們最初記錄的真實事件相差甚遠。

研究心理學家伊莉莎白．羅芙托斯（Elizabeth Loftus）致力於探究虛假記憶的現象。

羅芙托斯藉由實驗多次證明，超過四分之一的人會受到他人刻意的影響而「記得」從未實際發生的事情。這裡我們談的不是催眠，而是比催眠更微妙的誘導（inducements）。一個人的記憶會純粹因為問題的措辭與回想的時機，而產生變化。「這兩台車相撞的時候，時速是多少？」這樣的問法往往會比「車禍發生時，這兩台車的時速是多少？」容易讓人聯想到更快的時速。

羅芙托斯在她的著作《記憶 vs. 創憶》（*The Myth of Repressed Memory*）中，敘述自己不小心受人引導而產生虛構記憶的親身經歷。她四十四歲那年參加家庭聚會時，一位叔叔告訴她，她在少女時期發現母親溺死在游泳池裡；但羅芙托斯完全不記得這件三十年前的往事。聽了叔叔這麼說之後，她注意到，「記憶開始像營火的裊裊松煙般，一絲絲迴繞而映現出當時的情景。我的母親穿著睡袍、臉朝下、浮在水面上……我開始大叫。我記得自己看到警車，和警車車頂的紅燈不停閃爍。那三天來，我的記憶膨脹擴大了。」

過了一段時間，羅芙托斯接到弟弟的電話，轉述叔叔說他記錯了的訊息，他後來想到嫂嫂的屍體被發現的時候，羅芙托斯不在現場；發現屍體的人是羅芙托斯的嬸嬸。其他親戚也證實這件事。羅芙托斯說，「我不小心成了自己研究的實驗品。我感到很訝異，即便是像我這麼多疑的人，本質上竟然也會輕易相信別人。」

「我們九點見面。

我們八點見面。

我準時赴約。

不，你遲到了。

喔對，我記得很清楚。」

——《我記得很清楚》（*I Remember It Well*）出自美國一九五八年發行的電影《金粉世界》（*Gigi*），作詞人艾倫·傑·勒拿（Alan Jay Lerner）與費德瑞克·洛伊（Frederick Loewe）

神經科學家丹妮拉·席勒（Daniela Schiller）是美國西奈山醫學院情緒神經科學席勒實驗室的主任。她以研究與創傷和成癮有關的記憶聞名，在被問到記憶的可塑性時，她如此回答：

「你可以請一對結婚三十年的夫妻來做實驗，對照他們的記憶，你會發現兩人的記憶完全不同……彷彿他們之前沒有一起生活過一樣。」

我們無時無刻都在創造與重新創造。沒有事情是永恆不變的。記憶就像風中的紙一樣會飄移、會翻轉。席勒說，「每一天，我們都會創造虛構的記憶，有時則會改變腦中的記憶。」

> 「夢的記憶與現實的記憶，真的沒有太大的差別。」
>
> ——馬塞爾・普魯斯特（Marcel Proust）

記憶在本質上是不可靠的，卻又是生命不可或缺的元素。記憶是我們賴以學習與進化的工具。不只如此，人生經驗的記憶更塑造了我們的生活。記憶使我們成為現在的樣子，也因此決定我們將成為怎樣的人。過去的經歷很重要，因為它握有通往現在與未來的關鍵。

不斷變動的記憶能夠重新塑造我們的身分，並且扭轉我們所認知的自我形象。光是這個原因，記憶就值得保護。有些人試圖透過照片與影像來捕捉記憶，這兩者都可以驗證事情的真相，儘管在影像編修軟體發明後，這些紀錄的真實性有時令人存疑。不過即使圖像或影片可以真實描述事件，也無法記錄人的情緒反應。當時的經驗對你有什麼影響？沒有書面記錄或是影像日誌（不是用寫的，而是用相機錄下自己對於事件的描述），你永遠不會真的知道事情發生的當下，自己有什麼感受？當時有什麼想法？觀察到什麼？你從那次經驗學到了什麼？

記憶是可以塑造的，這意味著如果我們想從人生經驗中進化與學習，並且發揮最大的潛力，就必須保護過去的經歷與相關的記憶。這是日記比其他生活工具更突出的功用。

「無法銘記過去的人，注定重蹈覆轍。」

——喬治・桑塔亞納（George Santayana）

我們在先前的章節裡了解到個人日誌提供安全且可靠的方法，讓我們得以從人生經驗中學習以及理解這些經驗。表達性寫作可強化我們的記憶力，因為它會排除那些令我們分心的侵入性想法。換句話說，如果我們不寫作個人日記，就無法敏銳觀察每天的生活。要讓記憶紮根、在腦中留下永久的痕跡，就必須留意並且鞏固它們。唯有反覆回想或思考，才能保存記憶，而這些全都可以透過日記輕鬆做到。

然而，回想經驗、汲取記憶的能力，就跟經驗本身一樣重要。假如不能取得經驗的原始紀錄，你對於經驗的記憶必定會改變。每次你回憶或反省過去的事件，就像在玩傳話遊戲一樣，記憶會背離實際的經驗，程度各有不同。受到些微改變的記憶會嵌入在腦海裡成為「事實」，並在下一次被喚起時重新組織。

在許多情況下，記憶與實際發生的事件差距極大，到最後與真實的經驗幾乎沒有任何相似之處。你的過去、還有你從中習取的教訓，都無處可尋。記憶被新的記憶所覆蓋，有時還會像電腦硬碟裡的資料一樣遭到刪除。

以寫作的方式記錄事件，可以固化記憶，讓它更容易被記得。同時，日記也是個人的經驗記敘，是事件當下或不久後、我們個人的思想與感受的牢固紀錄。換句話說，日記可以加深人生經驗在我們心中的軌跡，同時還能防止那些記憶在未來產生扭曲。

儘管生活日誌可以保護記憶、進而維護個人身分的功用不令人意外，但有大量研究指出，日誌可以大幅促進工作記憶，還能提升六倍的記憶力。科學家證明在我們學習與成長（不論是個人或專業方面）的過程中，個人日記都是我們可以隨意運用的最重要工具之一。下一個章節，我們將探討相關的證據。

第十章

學習的過程

爲何生活日誌可以促進學習

「如今我們認清一個事實：學習是跟上變化腳步的終生過程。因此，最急迫的任務是教人們如何學習。」——管理學大師彼得．杜拉克（Peter Drucker）

不論在世界上任何地方，觀看一群學生在課堂上聽老師講課，只要觀察這些學生幾分鐘的時間，你很快就能極其準確地評判，哪些學生的學業表現會比較突出。其實不難辨別，做筆記的那些學生就是了！

在其他條件都一樣的情況下，不論哪一堂課，寫筆記的學生課業表現一般都會比單純坐著聽課或利用電腦做筆記的學生還要優異。這是因為書寫可以增進吸收、理解與記憶資訊的能力達六倍之多！

做筆記對於學業成就的重要性，可追溯至上一個世紀。二〇年代初，南加州大學的克勞德・克勞馥（Claude C. Crawford，人稱 C.C. Crawford）教授觀察到，相較於其他上課不做筆記的同學，有寫筆記的學生在課業上會持續有好的表現。筆記與成績的關係顯而易見。上課寫筆記的這項行為本身以某種方式與學生吸收和保存資訊的能力建立起連結。而考試成績再次顯示，寫筆記的學生的成績遠高於其他同學。

直到快五十年後，學者們才逐漸明白克勞馥的發現是多麼重要。《教育研究期刊》（*Journal of Educational Research*）於一九七〇年刊登的研究指出，書寫筆記的學生記憶課堂內容的能力，平均比其他學生高出六倍！這份報告的結論引人注目：寫筆記的行為是這種現象最關鍵的因素。

研究作者麥可・侯威（Michael Howe）表示，「寫筆記的動作，可以讓記憶力維持得比較久……。」但是寫筆記這個簡單的行為，如何對我們吸收與處理資訊的能力造成如此大的影響？

「教育是沒有盡頭的。所謂的教育，不是看書、通過考試與完成教育。整個人生，從出生到死的那一刻，都是學習的過程。」

——印度哲學家吉杜・克里希那穆提（Jiddu Krishnamurti）

教育心理學家提出了幾個理論，希望能解釋寫作為何可大幅提升處理與記憶資訊的能力。筆記讓人在事後比較容易回想起資訊的一個原因在於，我們書寫時，會強迫自己的意識專注在寫下的資訊。雖然我們光靠耳朵聽就可以吸收與記憶資訊，但在寫筆記的當下，我們不只是理解資訊，潛意識也在評估書寫的任何東西。寫作似乎能提高評估與處理資訊的效率，也有助於理清思緒。我們在書寫時，可以更輕鬆地找出重點，比較能夠辨別哪些資訊是重要的、哪些是不重要的；正是這種評估的過程，讓我們更能牢記重要的資訊。

然而，寫筆記之所以如此有效，可能還與其他同樣具說服力的因素有關。在多數情況下，我們不記得事情，不是因為忘了，而是我們從來都沒有徹底消化資訊，因此一開始就沒記住它們。換句話說，如果我們沒有全心專注在某件事上，就比較無法記住它。有多少次別人介紹新朋友給你認識，而過幾分鐘後你就完全忘了他們的名字？通常這跟記憶力失常無關，更多時候只是因為你當時心不在焉；你也許在注意他們的外表，或是在想要說什麼話；但可以肯定的是你並不專心。

寫筆記是強迫意識專注於任何資訊最有效的方法之一，這說明了透過這個動作，我們能夠消化與記憶的資訊比其他方式多出許多。如同學生利用寫筆記來理解與記憶課程內容，我們也可以透過書寫或「記下」日常生活的事件與經驗，來專注在這些事情上面，因此這樣的行為可以幫助我們更清楚地記得這些經驗並從中學習。

▼日誌中的表達性寫作與記憶

書寫筆記只解釋了個人日記可增進學習與記憶能力的部分原因。研究證明，當人們在日記中運用「表達性寫作」的技巧時，我們的自我意識及學習、處理與保存資訊的能力，所受到的影響會呈指數成長。表達性寫作可以助長理解與學習能力的效用，直到二〇〇一年北卡羅萊納州立大學展開研究之後，才獲得充分的重視。

主持這項專題研究的凱蒂・克萊恩（Kitty Klein）博士，探究「表達性寫作」（相對於簡單的筆記或紀實）對學生課業表現造成的影響。不只相關的研究人員認為研究的結果具有開創性，其他學者也同樣認同。表達性寫作領域最頂尖的專家詹姆斯・潘貝克教授，對於這項研究印象尤其深刻，他評論克萊恩的研究可說蘊含了「近乎革命性」的意義。

研究人員分析學生的考試成績，發現曾進行十五分鐘表達性寫作的學生在之後的考試中平均得到的分數，比其他同學高出許多。然而，除了好成績之外，這些學生的「工作記憶」（我們在工作與日常活動中專注與記憶的能力）也提升許多。克萊恩博士與研究團隊證明，人在進行表達性寫作、以及寫下問題與負面經驗的同時，工作記憶會「大幅增進」。

研究人員推測，這些好處與透過書寫來發洩負面想法與感受的淨化作用有關。記住，這項研究不是做筆記的活動。受試的學生並未在課堂上做筆記。他們花十五分鐘的時間表達心中最深層的想法與感覺，寫作讓自己感到困擾的事件與經驗。如前面的章節所述，寫作負面經驗會影響潛意識（或是研究人員稱的「認知資源」〔cognitive resources〕）。這種「發洩」的行為，讓我們更能專心進行一天中的其他心理活動，因此可以提升記憶力。

簡單來說，在紙上寫下內心感受，實際上就是將它們從潛意識釋放出來。這麼一來，侵入性或負面的想法會減少很多，讓我們得以更全心專注於正在做的任何事情上。而且我們愈專心就愈能理解與認識周遭的世界。

這傳達了清楚的訊息，表達性寫作可以為科學家口中有關學習與記憶能力的認知功能，帶來十分強大的正面影響。

學習與理解

除了筆記與表達性寫作之外，許多教育人士相信寫日記也可促進學生在數學方面的推理與發展。二〇一〇年，美國內布拉斯加州奧馬哈的教師蘿瑞塔・奧納姆斯（Loretta Ohnemus）發表論文研究〈透過日記寫作學習如何解決問題〉（*Journal Writing to Learn Problem Solving*）。當中，她進行一項實驗，而這個嘗試改變了八年級學生的學習態度與解決數學問題的能力。

奧納姆斯的學生與美國公立學校許多八年級生一樣，都為數學的解題概念所苦。他們學得會、也記得住公式與方程式，但就是無法將這些公式運用在現實生活的問題上。「我的學生沒有真的理解他們學到的數學概念，他們禮拜五通過考試，但到了下週一就把學到的東西全忘了。」

奧納姆斯注意到雖然學生記得住數學演算法，也能在後續的地區評估中照樣運算考題；但只過了幾週，他們就幾乎全忘了之前學到東西。顯然，她的學生也沒有真正了解如何在標準的數學問題裡套用所學到的公式。奧納姆斯解釋，「這些學生沒有記住學到的知識，也無法運用不久前學過的數學原則來解決問題。」

奧納姆斯想知道自己是否有可能幫助學生，讓他們更能夠記住在週末標準考試之外所學到的東西。她希望能幫助學生運用知識、成為更好的解題者。對此，她選擇利用日記寫作。

奧納姆斯提供學生創造專屬筆記本所需的材料。他們將三十張紙與寫日記的印刷定位紙裝訂在一起，再加上封面與封底。之後，依天氣與課程時間表而定，學生們每週會有一到兩次暫時擱下課本，寫作對於事先設定的數學問題的想法。

這些學生依照問題的提示來寫日記。他們必須回答的問題大致如下：

你今天遇到什麼問題？

- 學生在解釋問題後，必須嘗試解開問題。

你如何解決今天的問題？

- 這時，全班會一起討論如何解題。之後學生繼續在日記中回答以下問題：

如果你答對了，為什麼這些答案是正確的？

- 如果學生答錯了，就必須回答第四個問題：

解題的過程中發生什麼問題？

• 接下來是最後兩個問題：

你從今天的問題中學到了什麼？

請替這個問題的困難度評分，分數為一到五。

•（一代表非常簡單，五代表非常困難）

奧納姆斯發現寫日記的過程，讓她的學生有時間思考學習這件事，以及學習與數學問題之間的關係。奧納姆斯從一開始就做記錄，起初她觀察到學生們不知道如何表達自己的想法。頭幾篇的日記中，她寫道，「學生們不知道該怎麼做，他們抱怨問題太難。」然而到了實驗的最後，在日記的協助下，他們能夠獨立依照邏輯推論問題了。

奧納姆斯觀察學生們比較能夠表達問題，並且描述自己必須怎麼做才能解開問題。她寫道，「沒有人說『我不懂』，他們看到問題，就立刻開始思考，而且毫不費力就解開問題了。」

透過寫日記的活動，讓這些學生能夠去解決問題的方式，這在僅僅幾週前幾乎是不可能的。經由自己書寫的日記，他們了解問題的本質，而有了這些認識，便可開始推論與得到答案。從實驗結束時的訪談可看出，這些學生對於解題的態度徹底改變了。儘管在日記寫作的活動之前，他們不喜歡敘述問題（有些學生甚至說自己「討厭」數學問題），但在實驗之後，他們表示寫日記不但使解題變得更容易，也讓演算數學題的整個過程變得有趣。

奧納姆斯改變教學方式，以空出時間來寫日記的方法，不只讓學生有時間思考與書寫問題，也創造一種更加有效與新鮮有趣的學習方式。這麼一來，學生能夠掌握自己的學習狀況。透過日記的寫作，他們更能集中注意力，並且能夠延伸思考。同樣重要的是，他們學會了表達問題與解決方法。雖然寫日記占去一些傳統教學的時間，但結果證明這麼做是值得的。奧納姆斯替實驗下了結論：日記寫作「讓學生的時間獲得有效的利用」。

當然，日記不只有助於解決數學問題。寫作可以大幅增進我們對於所做的任何事情的理解。

自由作家

一九九四年，艾琳・古薇爾（Erin Gruwell）第一次以新手教師的身分走進教室。伍德羅威爾森高中（Woodrow Wilson High School）位於加州長灘，一個充斥著毒品與幫派暴力的區域。這個班級大多數的學生都來自單親家庭，其中很多人曾有過受到忽視或虐待的經歷。這些孩子有一個共同點，他們都討厭這所幾乎放棄他們的學校。學校將古薇爾班上的學生稱為「敗類」，認為他們「太笨」，連從頭到尾讀完一本書都做不到。

古薇爾不久後便發現這群學生一點也不笨，他們只是失去念書的興趣。「他們覺得沒有理由在乎學校。對他們來說，念大學與找工作的潛在報酬看來遙不可及，甚至與自己格格不入。」她決定設法讓課程變得更吸引人、對這些學生更具意義，來證明學校與學生的想法是錯的。

一開始，古薇爾指定閱讀作業，要求學生閱讀由青少年寫作、以青少年為對象的書籍。其中包含兩本書，一本是安妮．法蘭克（Anne Frank）的《一位少女的日記》（*The Diary of a Young Girl*），另一本是埃利．維瑟爾（Elie Wiesel）的《夜：納粹集中營回憶錄》（*Night*）。這兩本著作都在講述兩名猶太裔青少年身處大屠殺慘劇中真實、令人心痛的故事。古薇爾驚訝地發現，被學校視為「笨到」看不懂書、以及坦承討厭看書的學生們，對這兩本書愛不釋手。書中傳達的「受苦」，是這群學生能夠感同身受的事情。法蘭克與維瑟爾來自於這群在加州長大的青少年一點也不熟悉的背景與地方，但他們的心聲似乎能引起共鳴。許多學生開始分享自己的經歷與訴說內心的感受，而這項作業成了改變他們生活的主要因素。

古薇爾從這些學生的勇氣與誠實中意識到，他們需要有人「鼓勵他們寫作，而不是使用暴力」。這群青少年希望敞開心胸講述自己的故事，但他們需要找到一種安全的方式。利用個人日記，他們也許可以做到這一點。

「我給學生們日記本，希望他們能藉此說出心聲。很快地，他們開始分享自己的故事，擺脫關於拼音、文法與成績的焦慮。日記給予他們安全的地方，讓他們盡情敘述自己的背景與想法。他們開始寫下想法與感受的同時，也得到了動力。」突然間，他們擁有自我表達的平台，以及體認自我價值與得到肯定的地方。

古薇爾的學生利用日記以之前從來無法做到的方式表達自己，他們透過文字吐露困境，敘述每天面臨種族主義和歧視的挑戰、不斷遭受幫派暴力的威脅，同時也描述自己的希望與夢想。

這些學生受到啟發，寫信給梅普．吉斯（Miep Gies），她就是在二次世界大戰期間冒生命危險幫助安妮．法蘭克與她的家人藏身的人。法蘭克的家人被發現並送到納粹集中營之後，吉斯發現了安妮的日記並妥善保存它。假如沒有吉斯，安妮日記也許就會這麼失去蹤跡或遭到摧毀。

吉斯收到學生的信件後非常感動，從荷蘭千里跋涉到美國來見他們。古薇爾寫道，那次碰面為這些學生帶來「根本性的影響」。「透過安妮的遺物與吉斯的貢獻，我和學生們深刻認識到文字改變世界的力量。」

不久後，古薇爾讓全班觀看有關自由乘車運動者（Freedom Riders）的紀錄片，內容敘述六〇年代民權運動人士發起不分種族的巴士搭乘行動，以反對美國南部各州制定的跨州種族隔離政策。她的學生受到民權人士的勇氣所激勵，決定利用日記抗議自己在生活中遇到的種族歧視與不公，而且為了反映這項新的使命，他們稱自己是「自由作家」。

古薇爾的學生從他們的日記中挑選數篇集結成冊，前往華盛頓州、將這本日記交給時任教育部長的理查・萊利（Richard Riley），以此向自由乘車運動人士的勇氣致敬。後來這些日記編成一本書，成為《紐約時報》暢銷書，這群「自由作家」的故事之後也改編成動人的劇情長片。古薇爾與學生們發現他們也可以像安妮・法蘭克與埃利・維瑟爾一樣，利用寫作與故事來促成改變。然而，一路走來，他們證明日記寫作可以深刻影響學習態度。透過日記的寫作，之前對念書絲毫不感興趣、受到學校唾棄的學生，變成心胸寬容、具有社會意識的年輕人。同時，古薇爾也注意到，讓學生養成寫日記的習慣，「大幅減少了曠課率與行為問題，增進他們的閱讀記憶，考試也有較好的成績。」

《自由作家的日記：教學手冊》（*Freedom Writers' Diary: Teacher's Guide*）說明了古薇爾的方法，描述她利用創新的方式與容易理解的課程計畫來教導學生。古薇爾採用的這些方法，可以幫助其他在課程中融入日記的老師們，進而激勵每一個地方的學生書寫他們的經歷與仿效自由作家的經驗。古薇爾證明了寫日記可以幫助學生找到克服難題，並在學業上發揮潛能的自信。她表示，「我相信任何一個班級都能看到這樣的結果。」

我希望所有的學生都能從我們的獨特故事中學到一些事情，並且拿起筆來，寫下他們應該訴說的事情。」

第十一章

問題所造成的問題

爲何生活日誌可以阻止問題擴大

「預見問題，並在一天的開始就解決它們。」

——美國作家阿爾弗雷德・亞曼德・孟塔培（Alfred Armand Montapert）

企業家與投資家對問題甘之如飴，就像滿懷抱負的廚師全心期盼能得到《米其林指南》評鑑的星等一樣。他們主動尋找問題，因為他們知道每一個問題都能帶來創新、改進與創造的機會。每一項暢銷的商品或服務，都源自有待解決的問題。我在《挫折的力量》一書中曾闡述過這個現象。然而，問題可能也有黑暗面，在當中我們會發現自己不斷出現侵入性想法，而可能危害所重視的一切。這種黑暗會逐漸籠罩我們，而且很多時候，我們完全不會意識到自己困在其中。如果我們長久放任個人問題不管，這種情況就會發生。

我們在先前的章節中討論過，在生活日誌裡融入表達性寫作，是最能有效擺脫持續的內在衝突與情緒創傷的方法之一。我們探討了書寫那些造成情緒創傷的過往經驗，所帶來的淨化作用。然而，關於個人問題，生活日誌還有另一個作用也很重要，它提供了途徑，讓我們不只正視問題，也著手解決它們。如果想深入了解這個面向為何，以及它如何發揮效用，我們首先要回顧上一個世紀，回到歷史學家稱之為「黃金的二十年代」的柏林。

> 「我們的頭腦……有某種機制，會不斷提醒我們有事情沒做完。」
>
> ——俄國心理學家布魯瑪．蔡格尼

二〇年代的柏林，據說是一個生氣蓬勃、令人充滿期待的生活環境。當時它是世界第三大自治城市，以人文薈萃聞名，不只是歐洲、更是全球的文化重鎮之一，知識分子、科學家與藝術家都蜂擁而至。愛因斯坦是威廉皇帝物理研究所（Wilhelm Institute for Physics）駐地所長，他在一九二一年獲頒諾貝爾物理學獎。然而，挑戰人們解決生活問題的方式的人，是另一位柏林科學家，他是柏林大學心理系教授科特・勒溫（Kurt Lewin）。他的觀察促成一項研究，進而創造了行為心理學新的突破性理論。

一天晚上，勒溫到當地餐廳用餐時，注意到服務生並未記下顧客點的餐點。他們把點餐內容記在腦子裡，再轉達給廚房人員。顯然，那些服務生能夠同時記得好幾位顧客的點餐內容，但是一結完帳，他們往往會徹底忘記之前的點餐細節。其他服務生坦承也有相同的記憶喪失困擾。彷彿正在進行的點餐細節停留在服務生大腦中的記憶前區，因此他們可輕易想起所有細節。不過，一旦顧客點完菜、結完帳，大腦就像開關彈起一樣，將之前所有的點餐內容從記憶中消除。

基於這個觀察，勒溫的學生布魯瑪・蔡格尼（Bluma Zeigarnik）進一步探究這種現象；為什麼人比較能夠記得尚未完成的工作，而不是已完成的工作？當時，蔡格尼還不知道她的研究會得到驚人的結果，而這些結果遠遠超出我們的記憶能力。

蔡格尼利用大學生來測試勒溫的觀察；每個受試者都必須完成一系列的任務，例如，拼拼圖或組裝平整包裝的家具。之後，當學生執行任務時，監督人員干擾其中二分之一學生的過程，另外一半的學生則不受干擾地得以順利完成任務。

幾天後，蔡格尼追蹤每一位學生的狀況，結果令她大為吃驚，不但兩組學生回想記憶的程度有顯著落差；而且受到干擾的學生回想任務細節的準確度，比另一組學生高出百分之九十。

簡單來說，蔡格尼的實驗顯示，相較於已完成的工作，人傾向更能記得尚未完成或被迫中斷的工作。這種現象後來稱為「蔡格尼效應」（Zeigarnik effect）。商人經常利用這種現象來做行銷，廣告通常會刻意插入其他廣告或通知，幾分鐘過後才播出結果；如此一來，這些廣告令人難忘的可能性就多了一倍。任何干擾，尤其是在廣告（無論電台或電視）的尾聲，都經研究證明可大幅喚起觀眾的記憶。

一九七二年春天，普度大學（Purdue University）進行的研究顯示，未播完的廣告可以讓觀眾更容易想起宣傳的內容，而程度遠高於完整的廣告。這解釋了電視節目為什麼廣泛運用蔡格尼效應；電視劇在每一集最後總是留下扣人心弦的伏筆，但這不只是為了創造觀眾對於後續劇情的期待而已，不揭曉結果是要讓節目在觀眾的記憶中留下加倍的印象。

在教育領域，蔡格尼效應促成了定時下課的制度，不論正式課程（教師偏好一次教一個單元，而不是一次教同一科目的多個單元）或是課後複習的策略，都是如此。下課與從一個科目轉移到另一個科目的設計，可以增進學生對於資訊的記憶。

科學家認為蔡格尼效應的出現，是因為未完成的工作與不斷出現的侵入性想法造成相同的影響。我們之所以比較能夠記得待完成的工作，是因為還沒找到解決方法。那些資訊停留在我們的腦海中，是因為我們知道問題尚未解決。這個概念可用來促進學習與記憶能力，另外也蘊含更廣泛的意義。未解決的問題就像未完成的任務會一直存在，它們會演變成侵入性的想法，而且不管我們是否有意識到，這些想法都會擾亂我們的人際關係、危害工作表現，使我們難以專注在日常活動上。

約翰・高特曼（John Gottman）在《信任，決定幸福的深度》（*What Makes Love Last?*）一書中主張，蔡格尼效應對於未解決的個人問題與未完成的工作，會產生一樣的影響，關鍵在於任何未解決的重要事務，本質上會留存在我們的大腦裡。這本著作關注人際關係與未解決的衝突所造成的影響，當問題懸而未解時，高特曼解釋，「基於蔡格尼效應，問題造成的傷害會一直留在活躍的記憶裡，一再改寫。這種感覺就像鞋子裡有一顆石頭，那些記憶會反覆刺激我們，讓我們對伴侶愈來愈不滿。」高特曼堅稱，「伴侶之間，以坦白、改過自新與更加了解彼此收場的爭執，通常很快就會被遺忘。」這樣的爭執一向「更能夠鞏固關係並長久維持」。但是如果衝突沒有解決，隨之而來的傷害往往縈繞不去，甚至還可能隨時間擴大。

研究也指出，尚未解決的問題特別容易影響一個人的工作、事業與生涯。二〇一三年，人力資源組織（Bensinger, DuPont & Associates〔現為 BDA Morneau Shepell〕）公布一項涵蓋兩萬四千多名員工的調查，研究個人問題對於工作表現的影響。資料顯示，每兩人之中就有一人坦承，個人問題會影響工作的專注度，而這些人幾乎都承認（占整體受訪者的百分之四十七），個人問題降低了工作品質。有百分之十六的受訪者表示，偶爾會因為有待解決的私人事務跟公司請假。

關於維持忠實的伴侶關係與達成良好的工作表現這兩個方面，蔡格尼效應透露一個沉重的訊息——衝突需要解決，個人問題需要處理，否則就會像熱鍋燉煮的醬汁一樣，慢慢變得愈來愈稠，問題開始入侵並且危害我們最在乎的事情。

這讓人不得不問：面對內心的困境、人際關係的問題與煩惱的個人問題時，我們可以向什麼事物或向誰求助來得到答案？或者，如果不可能解決問題時，又能如何終結侵入性想法？

很多人遇到問題時（不論私人生活或工作上）會向別人吐露心聲，尋求建議或慰藉。除了需要專家建議的事情外，例如法律、財務或醫療方面（我們會尋求律師、會計師與醫生的專業協助），人們通常會向親近的朋友或家人訴苦。如果遇到特別複雜或私密的問題，我們可能會尋求匿名第三方的協助，譬如治療師或顧問。但是我們很少求助於最有能力解決問題與最有資格給予最適當建議的人——自己。

「人生問題的答案是自己，人生難題的解答也是自己。」

——喬・柯達爾（Joe Cordare）

二〇一三年五月，《好萊塢報導》（*Hollywood Reporter*）揭露，電影明星、製作人甚至電影公司執行長，都「爭先恐後」地尋求「直覺諮商師」的協助，希望能得到關於私人生活與事業的建議。這些「諮商師」（也稱「教練」）其實就是多數人所謂的巫師、算命師與靈媒。他們聲稱自己天生能感應超自然、與亡者溝通並預知未來。

根據這篇報導，當時許多好萊塢上流人士付出一小時兩百至八百美金的代價，請這些「諮商師」依據水晶球、塔羅牌與天象的解讀，或是已故親友的靈魂偶爾傳達的訊息，提供人際關係與個人問題及事業方面的建議。

報導指出，娛樂界不是唯一一個會向靈媒尋求幫助與建議的產業。英國市場研究公司（YouGov）的調查顯示，百分之三十四的人相信鬼魂的存在，百分之二十三（將近四分之一）的人曾諮詢靈媒。在美國，由《赫芬頓郵報》（*Huffington Post*）刊出的類似調查，也發現百分之四十五的人口相信死者的靈魂會在特定情況下回到特定的地方，而有七分之一的人曾求助於靈媒。

通靈者的力量是真是假，自在人心。然而可以肯定的是，比那些靈媒更加了解你的問題本質——問題的肇因與可能是最適當的解決方法——的人，是你自己！

「學著接觸內心的沉默，了解生命中的每一件事都有它的目的。世上沒有錯誤，也沒有巧合，所有的事情都是上天賜予的祝福，讓我們從中學習。」

——國際知名生死學大師伊莉莎白・庫伯勒・羅斯（Elisabeth Kubler-Ross）

個人日記是最實用與最有力的自我發展工具。日記幫助人們度過生命中最艱困的時期。它可以成為你的心靈導師、生活教練與知己，幫助你面對人生中可能面臨的任何挑戰。

寫作提供一個平台，讓我們透過邏輯與理性解決問題，也提供一種方式，讓我們更清楚地察覺與理解自己的情緒。但是，漫無目標的寫作並不是答案。研究人員證明，在任何領域中，專家處理問題的方式與新手有很大的差異；不論是作曲、解數學方程式、探索物理定律或是玩西洋棋，這些領域的專家全都採取可以解決問題的特定策略。

「如果我有一小時可以解決一個問題，我會花五十五分鐘思考問題，五分鐘思考解決的方法。」

——愛因斯坦

一八七九年十月二十一日，愛迪生解決了一個困擾他多年的問題，這是一個直到那天之前沒有任何人能夠解開的問題。在此之前，科學界的精英思考這個問題超過五十年，但就是沒人能成功解答。愛迪生成功發明了可供商業用途的燈泡，可望在工業化的世界中掀起革命。愛迪生的問題是，他需要一條便宜、可靠的鎢絲在電流通過時可以長時間發亮，而且還必須堅固耐用。愛迪生與他的團隊擬定幾項方案，開始逐一測試。經過六千多次有紀錄的嘗試後，愛迪生發現了找尋已久的東西——通電時可以持續發亮超過一千兩百個小時的碳化竹絲。

愛迪生與團隊採取具體、解決問題的策略以達到目標。他們部署的許多方法，都包含邏輯演繹、想像力的運用與反覆試驗。雖然在解決這個問題的過程中可以運用許多策略，但所有的解題策略都仰賴一個要素——日記。

一九四五年，當時任教史丹佛大學數學系的喬治・波利亞（George Polya）教授，出版極具影響力的著作《怎樣解題》（*How to solve it*）。這本書在全球各地大賣，翻譯成十七種語言，銷售超過一百萬本。波利亞不同於其他學者，他出書異常成功，因為波利亞將解題的藝術提煉成四大要素；而這些要素也構成數學家解題的步驟。

1. **了解問題。**
2. **擬定計畫。**

3. 執行計畫。

4. 回顧與驗算結果。

儘管這本書針對數學，但它之所以暢銷，有一部分正是因為波利亞的解題策略，如同對於數學測驗的邏輯與推理問題，也適用於人們在日常生活中面臨的問題。

步驟一：了解問題

愛因斯坦可說是二十世紀最偉大的科學家，他解釋自己解決問題的方式是把大部分的時間用來理解問題；唯有感覺自己確實了解問題的本質後，他才會進行到下一步，擬定解題的計畫。

尋找解決方法之前先了解問題的必要性看似明顯，但問題不一定都像表面上那樣；例如，在傳統醫學上，症狀經常與病因混淆；醫生可能會認為病患的症狀是頭痛，但仔細檢查後也許會發現病人的腦部根本沒問題；而真正的問題可能是眼睛疲勞、肩頸肌肉緊繃、過敏反應或其他任何一種潛在的病因。

美國熱門影集「新聞急先鋒」（The Newsroom）一開始，傑夫．丹尼爾飾演的新聞主播威爾．麥艾維講了一句令人難忘的話：「解決問題的第一步，是認清問題的存在。」有時我們會看到不真實的問題，有時我們會無法理清問題的成因與後果，很多時候，我們被自己的偏見所愚弄。

我們會把事情看成想像中的樣子，而不是它們真正的模樣。舉個例子，請你仔細看下面的句子，數一數有幾個「F」：

FINISHED FILES ARE THE RE
SULT OF YEARS OF SCIENTI
FIC STUDY COMBINED WITH
THE EXPERIENCE OF YEARS

你發現了幾個「F」？大多數第一次這麼做的人都說是三個。假如你跟多數人一樣，現在請再仔細看一下……你能找出六個「F」嗎？我第一次看的時候沒有注意到另外三個，但它們確實在句子裡！我們漏掉另外三個「F」，是因為大腦沒有把「of」的「F」也算進去。

再舉一個例子，想一想：瑪莉（Mary）的母親有四個小孩，分別是四月（April）、五月（May）、六月（June）和……？

大部分的人會說，第四個孩子是「七月」（July）。那是因為大腦會依循模式或順序。如同這個例子，有時候我們的大腦會聯想到不存在的順序，而這個答案顯而易見是「瑪莉」，但經驗或制約作用使我們遺漏了問題開頭那個明示的事實。

同樣的，偏見與制約也會影響我們在生活中認定的問題。「我的老師／老闆討厭我」、「工作太困難」、「時間不夠」，這些都不盡然是事實，實際的問題也許完全不是如此。事實可能是，老師／老闆對於你正在做的某件事感到沮喪。工作真的太困難嗎？還是你缺乏充分的能力與表現？你真的沒有足夠的時間完成事先分配的任務嗎？還是你的動作太慢？

波利亞的策略迫使我們在解決問題之前先仔細思考，要這麼做最有效的方式之一是寫下問題，像在對朋友或家人敘述一樣地向自己解釋問題。

> 「解決問題的第一步，是認清它確實存在。」
>
> ——美國勵志演說家齊格．齊格勒（Zig Ziglar）

步驟二：擬定計畫

波利亞解題過程的第二階段是擬定計畫。很多人試圖解決，卻沒有認真思考最適當的策略是什麼，而是以隨機、錯了再試的方法去尋找解決之道。史丹佛大學榮譽教授詹姆斯．亞當斯強調利用意識解決問題的重要性；「一個人如果總是跟隨潛意識的感覺，那麼當他／她有意識地去選擇解決問題的策略時，往往可以找到自己從來都不知道的方法。」亞當斯與波利亞均提倡寫作「策略日記」——用於列出解決問題的常見方法。當中包含：

- 找出模式。
- 製作井然有序的清單。
- 畫圖。
- 排除可能性。
- 解決比較簡單、相關的問題。
- 運用模型。
- 考慮特殊案例。
- 反順序解決問題。
- 照順序解決問題。
- 運用直接推理。
- 運用想像力。

由互動協會（Interaction Associates）出版、許多數學課程都推薦的策略筆記本

（Strategy Notebook），列出學生在解決問題時可從中選擇的六項策略。然而，就我個人的經驗，除了上述方式之外，有兩個方法最能克服我們在生活中遇到的常見問題與挑戰——可能性思考法（possibility thinking）與心智圖法（mind mapping）（本書第二部分會詳細說明）。

> 「缺乏計畫的目標，只能算是願望。」——《小王子》作者安東尼・聖艾修伯里

步驟三：執行計畫

波利亞策略的下一個步驟是執行計畫。這在理論上看來簡單，實際行動卻不一定容易。你必須採取行動，堅持到底。只有等到結果揭曉——無論成功或失敗——我們才能進行下一個、也是最後一個步驟。

步驟四：回顧

無論結果是什麼，知道如何解決問題的人會花時間回顧結果，查看自己完成了什麼、什麼是有效的和什麼是無效的。無論結果如何，你會成功是因為你學到了東西。如

果結果不是你想要的，你距離有效的計畫也只剩一步了；倘若結果是你期望的成功，那麼回顧結果或許可以了解更有效率、比較不費時或費力的解決方式。這意味著假使你在未來的某一刻遇到相同或類似的問題，將會更知道該如何解決。

燈泡或許是愛迪生最重要的發明，當然還有其他產品也跟燈泡一樣影響著我們每天的生活，然而愛迪生並不是第一位發明燈泡的人。歷史學者表示在愛迪生發明碳化竹絲燈泡之前，已出現二十多種白熾燈泡。愛迪生成就出眾的原因是，他研發了可在商業上使用的燈泡。他與研究團隊一再進行四個步驟的測試過程。他們理清問題、擬定解決問題的計畫、採取行動，然後回顧結果。相同的策略也運用在人類活動的每一個領域；科學家、經濟學家、決策者、企業家、醫生、廚師、職業運動員等等……所有的問題與創新都經由同一個過程解決與實現。

許多心理學家鼓勵人們在生活中也運用相同的問題解決程序。這個程序提供快速又有效的方式，不只能解決個人問題，也有助於個人的學習與成長，而這個過程就從書寫生活日誌開始。

PART

2

生活日誌的寫作計畫

「與自己的靈魂交流、覺察生命的真諦以及體會人生的意義，都是透過安靜的獨處才能實現的個人修煉。」

心理學家艾拉·普羅果夫（Ira Progoff）於日誌工作坊

在本書的第一部分，我們探討日記寫作如何影響生活的各個面向。我們已經了解寫日誌可以大幅減輕壓力、緩解痛苦、強化工作記憶、有助減重、提高工作生產力、有利克服焦慮與沮喪感，並讓我們能夠享有更快樂、健康的生活。

到了第二部分，我們將檢視日記寫作的實用元素，強調讓這項經驗如此有力、具有變革性的關鍵元素。書中的內容不是詳細的指示，而是簡單、容易實行的方向。然而，讀者必須謹記，並非所有的原則在任何時候都適用所有人。

世界頂尖的表達性寫作權威詹姆斯·潘貝克教授是第一個認知這一點的人。「沒有一定正確的寫作方式。沒有適合每一個人或每一種意圖的神奇公式。」潘貝克鼓勵大家的親自嘗試。「當你自己的嚮導，找出什麼方式有效、什麼方式不管用。」

儘管如此，構成本書日誌的寫作技巧，並非出自非正式的證據或理論，是根據過去三十多年來的科學調查而來，其中包含世界各地的大學與醫院所進行的數百項對照研究。簡而言之，這些方式經研究證明，適用於大多數曾經嘗試過的人。它們的效用有令人信服的研究結果為證，這也是生活日誌的方法如此實用、值得你付出時間與努力的原因。無論如何，生活日誌是個起點。從這裡開始，要往哪裡走，取決於你自己。盡情探索吧！

第十二章

開始寫吧

如何開始寫作生活日誌

「最簡單的問題具有最深刻的意義。你在哪裡出生？你的家在哪裡？你要去哪裡？你在做什麼？偶爾思考這些問題，注意自己的答案有什麼變化。」

——美國小說家理查．巴哈（Richard Bach），《夢幻飛行》（*Illusions*）

寫作生活日誌的活動具有強大的影響力，能夠改善生活的每一個面向。不過，在你開始寫作之前，我想提供一些簡單的指引，幫助你從日記中獲得最大的助益。

一、準備合適的筆記本

在筆記本方面，你有很多選擇——小的、大的、有畫線的、精裝的、平裝的，以及其他各種樣式，沒有好或壞的分別，但有些或許較適合你的筆記目的。

重要的是，你的筆記本不要太薄，也必須是耐用的；尤其如果幾年之後你還想回頭翻閱它。因此，建議不要選擇活頁簿，或者內頁容易脫落的便條本。

筆記本的內頁，有些人偏好印有直線或橫線，有些人則喜歡空白的；如果你別具創意，並且希望在日記裡描繪心智圖、或圖案與插畫，便選擇各式各樣的空白內頁的筆記本。然而，本書敘述的多數方法較適合有畫線的筆記本，原因單純是大部分的人覺得書寫時比較容易對齊。

至於筆記本應該選擇便宜的、精裝的、或昂貴的皮面，因人而異。已故的美國作家與勵志演說家吉姆．羅恩，推薦包含畫線與空白內頁的高級皮面日誌。他說，「我花這麼多錢在日記上面，是為了強迫自己寫下有意義的內容。」然而，很多人開始寫日記之後，卻發現昂貴的筆記本會造成壓力；而使用較便宜或不貴重的筆記本，寫起來比較沒有拘束。

我個人喜歡 A5 大小的筆記本，純粹因為這個尺寸容易隨身攜帶。但如果你大多固定在某個地方（不論是家裡或辦公室）寫日記，則尺寸較大的A4筆記本會比較合適。尺寸較大的筆記本尤其適用於商務、計畫與追蹤，因為在單一頁面或並排的兩頁上建立與查看計畫，會比在尺寸小的筆記本上連續翻閱頁面，方便得多。

你可以嘗試使用不同種類的筆記本，找出最適合自己的樣式。

二、每天花十五到三十分鐘寫日記

把寫日記這件事看成跟任何約會一樣重要。每天撥出一些時間，在行事曆上標記寫日記的時段，持之以恆。如果突然發生緊急狀況，使你無法在表定的時間寫日記，那就將寫作時間往後延一點再進行。

花多少時間寫日記，取決於你的目標是什麼；如果你計劃每天記錄吃了哪些食物，或身體出現哪些症狀，只要幾分鐘就能搞定，目標設定也可在同樣的時間內完成；但若要徹底發揮日記的功用，每次書寫就需要十五到三十分鐘。如同看醫生，一次只看診幾分鐘，不可能產生任何有意義的結果，而每次花不到十五分鐘寫日記，也會為生活帶來重大影響。然而，儘管花超過三十分鐘的時間在日記上並沒有壞處（如果你有時間的話），但有研究證明，一次花十五到三十分鐘寫日記就足夠了。

不論你決定在一天中的哪個時段寫日記，都應該選擇自己不會覺得太累或太趕的時候。

三、選擇安靜隱密的時間與地點

選擇一個你能夠專心寫日記、不會分神與受到任何干擾的時間與地點。找一個隱密的地方，把手機調成靜音，並且在房門外掛上「請勿打擾」的牌子。

四、建立寫日記的儀式

開始寫日記之前，先花幾分鐘集中注意力，這是個不錯的方法；你可以準備一杯熱飲、播放輕鬆的音樂、深呼吸或是沉思一下。在寫作之前做好準備並建立專屬的儀式，會讓寫日記這件事更愉快、更有成效。

五、在日記的開頭記下地點、日期與時間

每次寫日記時，先記下自己當時所在的地點、日期與時間。你會對在不同的時間和不同的地方書寫，所出現的差異感到驚訝。這麼做也有助於你找出最適合自己寫作的時間與地點。而且有趣的是，你回顧筆記時，可以知道自己當初是在什麼時間與地點寫日記的。

依你想達成的目標，來決定適合寫日記的時間在白天或晚上；例如，如果你希望利用日記來改善時間管理，應該在每天開始工作前，就先安排好一天的行程。另一方面，如果你想利用食物日誌來減重，或是利用症狀日誌來記錄自己的病症，最好在白天進食或症狀發作時做記錄；之後，你可以根據筆記回想，並在一天結束時寫下更仔細的觀察心得。

表達性與反思性的日記寫作，可以在白天或晚上的任何時間進行。我經常熬夜寫作到早上。在一天結束時寫日記，可以讓自己有時間反省白天發生的每一件事。這麼一來，你可以透過這些紀錄，更清楚自己對於任何挫折或問題所產生的想法與感受，而光是這一點，就能幫助你更容易入睡。

六、書寫，但不做評判

如果想藉由生活日誌改變人生，你必須完全坦誠、不帶批評地寫作。因此，寫日記時不用擔心文法、拼字或標點符號，也不必在意其他人——甚至是朋友與家人——對你的日記會有什麼看法。你的日記的唯一重點是記錄事實，也就是你最坦白、內心最深處的想法，還有你對於生活經驗的真實感受與計畫。

坐下來準備寫作日記時，請試著專心書寫至少十五分鐘。寫到安排的時間用光為止，除非你在書寫的主題令你非常心煩，萬一遇到這種情況，請停止寫作！把筆放下。改天再繼續寫作。

七、用筆書寫，不要打字

用筆書寫，不要用電腦打字。作為治療用途的寫作與寫部落格不一樣。研究人員發現用紙和筆書寫，左腦與右腦運作的方式會與在鍵盤上打字截然不同。此外，當你回顧日記時，可以從筆跡中更加了解當初書寫時的感覺，這是你永遠都無法從打字的日記中感受到的。

八、每天寫日記

每天都寫一點東西，尤其是剛開始寫日記的那段時間。下定決心，至少在開始寫日記的第一個星期，每天都這麼寫些東西。研究發現，寫日記的行為至少需要持續四天，才能帶來重大變化。過了最初的四或五天之後，假如有一天中斷了，不要把這當成放棄的藉口。隔天再重新開始，久而久之，寫日記就會變成一種習慣。

把每天寫日記的時間，看成跟朋友或醫師的約會一樣重要。有時你無法遵守約定，可能就需要重新安排或是乾脆取消。那也沒關係，但是記住，堅持不懈是成功的關鍵。

倘若你偶爾寫作，卻期待有所改變，這就跟偶爾節食卻期待體重下降、或是偶爾運動卻期待身體健康一樣荒謬。

讓十五到三十分鐘的日記寫作成為每天的習慣。

九、不要期待立即見效

不要期待能立即看到效果。運用表達性寫作的技巧時，你甚至有可能在開始寫日記的幾天後覺得比之前更難受，因為書寫可能會喚起遺忘已久的記憶與痛苦、壓抑的情緒。作為治療的寫作是一種過程。只要幾天，你就能看到正向的變化，而多數人會在幾週內覺得身心健康得到大幅改善；這些變化往往能持續到之後的幾個月。許多情況下，這些改變過了幾年後依然顯著。

十、書寫重要的事

日記的內容，取決於寫作期間你認為生命中重要的事情是什麼。隨時牢記，你的主要目標不只是記錄日常經驗，還有表達與經驗相關的自身想法與感受。

敘述心中的想法與感受，描述自己與父母、親戚、朋友和愛人的關係，描寫現在、過去，甚至未來的人際關係。

書寫恐懼的事情、還有你面臨的任何問題與困難。
描述任何正在困擾你的事情。
在日記中描繪夢想與抱負，以及未來的想法與計畫。
針對一個主題寫作時，請思考以下問題：

- 你在做什麼。
- 這件事讓你有什麼感覺。
- 你學到什麼。
- 讓你擔憂的事。
- 你的夢想。
- 你認為正在對生活造成負面影響的某件事。
- 你遇到的人。
- 你的目標。
- 你的問題、壓力與焦慮。
- 你從自己身上學到的事。
- 你從別人身上學到的事。
- 你從任何事物學到的事。

- 分析你遇到的問題。
- 留意自我、還有周遭的人、事、物的變化。

十一、日記只能給自己看，不與他人分享內容

日記是給自己看的。與別人分享日記內容，不一定都是好的，即使是家人與親近的朋友。日記寫作的主要概念之一，是學習跟隨「內心的聲音」，而不是受周遭的意見所影響。你有多常聽別人說他們順從「直覺」或「內心的聲音」？有時候，我們的直覺在別人看來似乎是錯誤的舉動，但在內心深處，我們知道跟著內在的聲音走才是最正確的選擇。

一旦我們開始接納他人的意見，就會受到影響，他們的建議會因為個人的經驗、看法與偏見而有所偏頗。寫日記時，有一部分的過程是學習替自己著想，而不是讓別人來決定我們的生活。

這說明了為什麼你必須在隱密的環境寫日記，以及學著傾聽自己內心的聲音。除非你基於特殊理由想與信賴的朋友、摯愛或醫師分享日記的內容，否則不應該對外透露自己在日記中寫了什麼。

十二、隨身攜帶小型筆記本

白天隨身攜帶小型筆記本，晚上時把它放在床邊。這麼一來，每當出現具體的想法時，你都能用簡短的敘述記下它們。很多人想到點子、許下夢想、得到靈感，然後不到幾分鐘就全忘了。那些想法與計畫有可能是珍寶。如果你在它們出現時立刻記下，就永遠不會忘記。當你寫日記時，也能翻閱小筆記本，將裡面的想法與點子寫到日記裡。

此外，如果你要寫食物或症狀日誌，可攜式筆記本是必備的。要確保準確記錄的唯一方法是，每次飲食或感受到症狀時，就記錄下來。

> 「隨時帶著筆記本，把每件事都寫下來。你想到點子的時候，記下它；認識新朋友時，寫下關於他們的所有事情。如此一來，你將會知道，這些人、事、物值得你花多少時間。聽到有趣的事情，就把它寫下來。書寫的動作會使你採取行動。如果你沒有寫下來，就會忘記。這是一堂在商學院也學不到的寶貴課程。」
>
> ——希臘船王亞里士多德・歐納西斯

第十三章

知道自己的目標

「今日，人們普遍認為，寫日記是了解自我、引導自我、擴展創意與滋養靈魂的工具……事實上，在過去的一世紀裡，這個訊息眾所周知，因此任何人都可以寫作個人日記並從中獲益。」——麥可．布萊迪（E. Michael Brady）博士，〈高齡學習者的日記寫作〉（*Journal Writing Among Older Learners*）

莫．法拉赫（Mo Farah）與史蒂夫．雷德格雷夫（Steve Redgrave）是獲獎數最多且最成功的英國奧運選手。二〇一二年倫敦奧運，法拉赫贏得田徑五千公尺及一萬公尺雙料冠軍，一戰成名。雷德格雷夫連續五屆奧運獲得四人及雙人單槳划船項目的金牌。這兩個人都從事可歸類為比拚耐力的運動，但你可能已經預料到他們訓練體能的方式天差地遠。法拉赫每天都跑步，一週跑將近兩百二十公里；除了星期天以外，每天跑步兩次，以每公里三分三十二秒（每英里五分四十秒）的配速，大約跑三十五到四十三公里，距離可說等同全程馬拉松。雷德格雷夫的訓練計畫截然不同，包含在健身房進行長時間、極度消耗體能的循環訓練，以及負重連續鍛鍊肌力，直到筋疲力竭為止。由以上可知，頂尖田徑選手與冠軍划船手所需的訓練有天壤之別。

就像不同的體能訓練方式適合不同的運動項目，不同的日記寫作技巧也適合不同的生活目標。你書寫的內容、書寫的時機與持續的時間，全都依你想達成的目標而有所不同。例如，表達性寫作或許可以讓你「看起來」與「感覺」更健康，但沒有證據顯示它將能幫助你減重。如果你的目標是減肥，最有效的日記寫作技巧就是記錄詳細的食物日記。

同樣的，有助於達成個人目標的日記寫作技巧，也迥異於試圖走出人生創傷的寫作技巧。如果你的主要目標是變得更快樂，你可以書寫感恩日記；如果你需要在工作上更有效率與生產力，可以運用艾維李的時間管理術等方法。基於這些原因，你必須明確知道自己試圖透過寫日記所要達成的目標，並採取最能夠幫助你實現目標的寫作方式。

接下來的章節裡，我們將一一檢視日記寫作的成效，討論經研究證明可有效促成這些效果的相關寫作技巧。

各式日記寫作的成效表

目標	克服焦慮	克服憂鬱	促進身體健康	減重	工作產能	快樂	增進記憶力	提升課業成績	促進運動表現	個人成長
表達寫作	可	可	可	可	可	可	可	可	可	可
反思寫作	可	可			可		可	可	可	可
創意日記					可			可		
感恩日記						可				
飲食日記				可						
時間管理					可		可	可		
症狀筆記			可						可	
設定目標	可	可	可	可	可	可		可	可	可
夢境日記										可

第十四章

表達性寫作法

如何從生活日誌的表達性寫作中獲益

「有愈來愈多的證據顯示，即使一天只花十五到二十分鐘書寫創傷經驗，並連續三或四天，也能讓身心健康產生重大變化。」

——詹姆斯．潘貝克

二〇一六年一月，我造訪西班牙蘭薩羅特島（Lanzarote）上的太陽公園生活（Sun Park Living）度假村時，帶領二十六名、年紀五十到八十二歲的長者，進行為期四天的表達性寫作實驗。這家度假村成立的理念很獨特，主要是為年過五十的長者提供度假休閒的生活型態。多數的遊客與住客雖然都是退休人士，身體卻都相當硬朗。這裡非常適合舉辦表達性寫作的工作坊，因為環境安全且具隱密性，參與者也能包容彼此，互相協助與照顧。

每位長者都同意參加連續四天、每天一堂，總共四堂的寫作課程。每一堂課程中，學員花二十分鐘書寫與過往受創經歷有關的內心感受。這個實驗與過去三十年來世界各地的大學和醫院所進行的表達性寫作研究相同，只不過這次不是研究，倒比較像是有人督導的工作坊。

我逐字宣讀指示，當中的內容與科學研究一般會提醒受試者的事項一模一樣：

「接下來的四天裡，請你們回想一生中最痛苦的經驗、或是影響你與你的人生的重大情感問題，並寫下內心對於這些經歷的想法與感受。

「在文章中，你必須徹底敞開心胸，探索心底的情緒與想法。你可以將主題定為人際關係，這包含了與父母、愛人、朋友或親戚的互動；敘述自己的過去、現在或未來；或是描寫自己一直以來是什麼樣的人、希望成為怎樣的人，或者現在是怎樣的人。你可以在寫作實驗的期間裡都書寫相同的問題或經驗，或是每天寫作不同的主題。你的文章會完全保密。

「不用在意拼字、文法或句型。唯一的規則是：一旦你開始寫，就應該持續至少二十分鐘。」

唸完指示後，每個人（包括我自己）都開始寫作，直到課程的時間結束為止。這是個美好且十分動人的經驗。雖然寫作內容完全保密，但之後有些人透露，他們回想起塵封數十年的問題。一些人想到痛苦的回憶，許多人再度想起童年的黑暗時期，並寫下遭到拋棄、甚至虐待的經歷。在這四天裡，許多學員回憶起往事不禁傷心流淚，但每個人行為舉止的轉變一天比一天明顯。

第四天結束時，大多數的學員都有所突破，淚流滿面的情況不再，取而代之的是擁抱與歡笑。除了兩個人——一對夫妻——之外，所有學員都在幾週後寄來電子郵件，表示這次的經驗非常值得，讓他們收穫滿滿。

表達性寫作是書寫生活日記最強大的技巧之一。以文字敘述造成壓力與創傷的事件，往往能引起情緒與心理深刻且持久的變化。但或許更值得注意的是，研究證明表達性寫作可以刺激生理與生物化學的變化，甚至影響身體的細胞，促進免疫系統的功能、降低血壓與減少壓力荷爾蒙。

實際層面上，在日記裡運用表達性寫作的技巧，相對簡單也非常容易。世界最知名的表達性寫作權威詹姆斯·潘貝克教授解釋：「在家裡寫作文章，真的沒有任何神奇的方法。我認為沒有一定正確的寫作方式。」雖然如此，他還是提供了實用的建議，不過他也強調大家應該將這些建議視為大致的方向，而不是絕對的真理。其實，潘貝克教授鼓勵大家，「多做嘗試，看看哪些方法最適合自己」。

在你開始進行表達性寫作之前，潘貝克教授有以下幾點建議：

- 找一個不會受到干擾的時間與地點。最好在下班後或睡前進行。
- 對自己承諾，一天至少花十五分鐘寫作，最少持續三或四天。
- 一旦開始寫作就不要間斷。不用擔心拼字或文法。如果不知道要寫什麼，就重複書寫已經寫過的內容。
- 親筆書寫。要是沒辦法用手寫，就用電腦打字或錄音。
- 在這三到四天裡，你可以每天都寫同一件事，或是每天敘述不同的事情。決定權在你。

就在家進行表達性寫作這件事而言，建議你遵循潘貝克教授與其他學者在數百項臨床研究中所提供的指示。這些指示的重點如下：

1. **堅持連續四天寫作。**
2. **回想人生中最令你難過的經驗，描述內心對於這件事的情緒與想法。**

3. 思考那次的經驗對於自己的童年、與父母、朋友和愛人的關係、甚至是事業所造成的影響。

4. 思考那次的經驗對於一直以來的自己、期望中的自己或是目前的自己，有什麼影響。

你可以每天都敘述相同的問題，或是書寫一系列不同的問題。如果你想不到寫作題材，可以參考下列提示：

- 敘述你目前正在思考或非常擔心的事。
- 描述你的夢想。
- 書寫你覺得現在對自己的生活造成負面影響的事。
- 書寫你這幾天、幾個星期或幾年來一直在逃避的事。

重要事項：

在家獨自寫作時，有一件事特別重要，潘貝克教授說明，「很多人表示開始寫作之後，會覺得難過或沮喪。這種感覺有點像是看了悲傷的電影，但通常過幾個小時就會消失。」

倘若你發現自己在書寫時感到非常難受，便應該改變寫作的主題、描述不同的經驗；**假如你一直覺得痛苦不已，請停止寫作。**

第十五章

飲食日記

如何利用日記來減重與維持體態

「不論你寫了什麼，身體每天都會準確記錄你吃了多少東西。」

——佚名

飲食日記是多數減重課程都缺少的環節。研究證實，有寫飲食日記的人的減重效果與維持體重是一般人的兩倍。然而，飲食日記必須包含以下要素才能發揮作用：

一、飲食日記必須要持續地寫

雖然書寫飲食日記簡單且相對容易，但這需要你的堅持。為了讓飲食日記發揮作用，你必須記錄自己吃的所有食物。記下一天中吃下與喝下的所有東西是十分累人的事，但是對有心長期減重的人而言，沒有比飲食日記更值得投入時間與金錢的事了。

想要準確了解自己的飲食習慣，至少需要三十天的觀察。研究顯示，寫作飲食日記的時間愈久，愈能有效減重。

二、必須精準、誠實地記錄飲食日記

根據英國研究，英國女性平均一年會為了吃這件事撒謊四百七十四次。研究人員調查三千多名女性，發現很多人總是否認自己吃了哪些東西。男性很有可能也是如此。人們貪婪地把巧克力和蛋糕塞到嘴裡的同時，也吐出人盡皆知的謊言。有百分之六十八的受訪者表示，為了吃而撒點小謊無傷大雅。

根據這項研究，女性在吃這件事上說的十大謊言是：

1. 這只有一點點。
2. 我午餐會吃很多，但吃完這頓就會不再吃了。
3. 我偶爾才會放縱一下。
4. 我每天都吃五種蔬果。

5. 我沒有碰這些餅乾。
6. 我喝一杯而已。
7. 最後那些不是我吃的。
8. 今天吃完這個就不吃了。
9. 我忙到沒時間吃午餐。
10. 這些食物再不吃就過期了。

從「我不會再吃那個了」等空洞的諾言、「我只是把孩子的剩菜吃光」等方便的藉口，再到「我從來不吃垃圾食物」和「我偶爾才喝酒」等徹頭徹尾的謊言中，研究人員發現就吃這件事而言，大多數的英國女性都不值得信任。但公平點來說，男人也喜歡在飲食上撒謊。研究顯示，男人傾向謊稱自己愛吃辣的食物（可能是為了表現得更有男子氣概）。

重點是，唯有誠實與勤勞地記錄一天中自己吃下的所有食物，飲食日記才能發揮作用，這點應該不用說你也知道。

三、飲食日記必須一整天都隨身攜帶

飲食日記與其他類型的生活日誌不同，不能等到一天結束時再寫。為了確保記錄準確，你必須在進食的當下做筆記，因此必須一整天都把筆記本和筆帶在身上。也就是說，每當你吃下東西，都應該做記錄。這聽來也許累人、甚至令人卻步，但做起來其實不難，而且很快就會習慣成自然。

四、不要執著食物的熱量與分數

寫作飲食日記，不是要你一絲不苟地記錄卡路里或是食物的性質和分量。飲食日記的主要目的，是讓你意識到自己吃了哪些東西，以及飲食的時機與原因。

五、記錄情緒與感受就跟記錄飲食一樣重要

記錄飲食只是飲食日記的一部分。在日記中，你也應該寫下吃飯時的情緒、與誰一起吃飯、在哪裡吃飯，還有吃飯的時候在做什麼事。這是因為你的想法與感受、從事的活動及同行的人，與你的飲食量的關聯，通常比飢餓和口渴還要密切。

很多時候，我們不是因為感覺飢餓才吃東西、口渴才喝飲料，有時進食是因為某件事引發了我們的欲望，很多時候這是潛意識在作祟，而我們對於當中的關聯一無所知。這說明了飲食日記為什麼會成為如此令人感到自在又有效的減重工具。

時間一久，飲食日記會開始揭露你的飲食習慣。如同老菸槍在飯後喝咖啡時需要抽上一根香菸、或是電影迷看一整場電影都在吃家庭號的甜味爆米花，你也會發現特定的情緒或事件（甚至與某些人見面），都與你吃或喝的東西有關。一旦你找出其中的模式，便可以採取適當的行動；這麼一來，你不必再抵抗飲食的欲望，而是專心排除那些會引發口欲的人、事、物。

例如，珍每次離開辦公桌去喝杯咖啡，都會將茶水間的餅乾罐一掃而空；當她察覺到這兩個行為之間的關聯後，就開始用保溫瓶裝咖啡並放在辦公桌上。現在，她不再受到餅乾的誘惑，因為她不會看到它們。如果真的覺得嘴饞，她還有一小袋富含營養價值、熱量又低的水果乾和堅果；這表示她比較不會像之前那樣想一吃再吃。

關於飲食日記的範例，請見本章最後的圖表。

六、你可以更積極地運用飲食日記

美國國家美體選手、健身教練與作家卡洛琳．吉克（Caroline Gick）十分熱中寫作飲食日記。「我開始記錄自己的飲食後，生活變得比以前成功多了。花時間整理與反省一天的飲食，是養成習慣、留意實際與自己所認知的飲食量有多少落差的好方法。」

卡洛琳積極利用日記規劃每天的飲食攝取量，她說，「我喜歡把飲食日記當成一種計畫，而不只是一項記錄。」對卡洛琳而言，飲食日記不只可用來反省，還有預防的效果。有趣的是，她不是記錄每天所吃下的食物，而是計劃每一天的飲食。「我會事先寫好菜單，一整天都根據它來吃東西。」她表示，「我的原則是，如果某一樣食物不在我的日記裡，就表示我不需要它。」

在每天的一開始就計劃好當天菜單的概念，非常類似艾維李的時間管理法。飲食日記不是針對每天的工作目標，而是列出食物與飲料的清單，這份清單不只讓你在吃東西的時候做記錄，也在每天的一開始就制定完整的計畫，你每吃一樣東西，就劃掉它。

當然，有時也需要一點彈性，卡洛琳承認她偶爾會偏離日常計畫。不過，在沒有遵循飲食計畫的情況下，她會記錄自己吃了哪些東西，以及為什麼會吃那些食物。

總而言之，飲食日記不只是一個有助減重的工具。一些運動員與熱愛運動的人會將飲食日記作為訓練的一部分，而它也可以有效預防與治療許多常見健康問題，像是過敏、皮膚病、消化疾病、偏頭痛與關節炎等。下一章節，我們將探討日記如何應用於基礎醫療照護，以及它們如何讓你在不服用藥物的情況下變得更健康。

下表是飲食日記的範例

飲食日記			日期：
時間	飲食	分量	備註
7:30	茶加牛奶	一杯，一匙糖	
9:00	燕麥餅乾	一塊	
	咖啡加牛奶	一杯，一匙糖	
11:00	茶加牛奶	一杯，一匙糖	
	蘋果	一顆	
13:00	菠菜沙拉	一碗	
	烤馬鈴薯		
	鷹嘴豆泥	兩匙	
	蛋白質能量棒	一百克	
	水	一杯	
15:00	巧克力	三片	
	咖啡加牛奶	一杯，一匙糖	
16:05	水	一杯	
18:45	義大利麵	三百克	
	素碎肉	兩百克	加番茄醬
	水果沙拉	一碗	
	紅酒	兩杯	
20:45	黑巧克力	四塊	
	綠茶	一杯	
觀察心得：			

第十六章

症狀筆記
如何讓生活日誌成爲健康與體能的教練

「疾病是人們最重視的醫生。對於仁慈與智慧，我們敷衍了事；對於痛苦，我們百依百順。」

——馬塞爾・普魯斯特（Marcel Proust）

八歲那年的某天早上，我醒來發現全身都是一小顆一小顆的紅點。家庭醫生診斷是名為「乾癬」的皮膚病。更糟的是，他說這個疾病無法治癒，會跟著我一輩子，只能建議我學習與乾癬共處。醫生唯一能提供的治療是局部用藥，在我的皮膚上塗抹皮質類固醇藥膏與煤焦油軟膏、還有洗髮水和沐浴油以舒緩刺痛感及預防皮膚乾燥。

後來我才知道身體會長出小紅點並擴散成一塊塊的皮疹，是因為皮膚細胞重新生長的速度太快。正常來說，健康的皮膚細胞每二十八至三十天會代謝，但患有乾癬的人的皮膚細胞生長速度會加快到原本的十倍，以致長出紅色丘疹。不過，令我困惑的是，僅僅二十四個小時前，我的皮膚還沒有那些紅點，所以它們的出現一定有原因。然而醫生只解釋這純粹是我運氣不好，體內有不良的基因才會得到乾癬。

時間快轉到六年後。我的乾癬不時復發，直到十四歲生日不久後的某天，症狀嚴重惡化，我的身體超過百分之九十的面積都佈滿了一層又一層的紅斑與鱗屑，必須住院治療。之後的五個星期裡，我每天要在身體上塗滿煤焦油，抹上地蒽酚軟膏以刺激患處，還得用保鮮膜包裹住身體來阻絕氧氣以殺死皮膚細胞。

慢慢地，我的症狀開始改善，隨著皮膚上刺癢、紅腫的丘疹開始緩解與消退，我以為醫生終於找到了解藥。我跟會診醫生提到這件事，他笑著說，雖然治療減緩了症狀，但並沒有治癒；往後每年我都必須回來接受相同的治療。

儘管這位醫生受過多年的訓練（或者正是因為如此），但他錯了。之後我從未再回去看診或接受治療，而這主要歸功於我在那裡認識的一名病患。她來自馬來西亞，三十多歲，住在我隔壁的病房。有一天，我聽到她房裡傳來騷動聲；醫生問她為什麼不吃午餐提供的羊肉，她說吃羊肉會讓她的皮膚變糟；醫生明確地表示，她應該珍惜食物，而且羊肉絕對不會影響她的皮膚狀況。

之後，我跟那位女士聊天。她跟我說，雖然醫生那樣說，但她發現自己每次吃了羊肉之後沒過多久皮膚就會起疹。那是我第一次意識到，我吃的食物可能跟乾癬的症狀有關。如今研究證實，那位女士其實是對的；動物脂肪裡的花生四烯酸會引發多數的發炎性疾病，而羊肉正屬於脂肪特別豐富的肉類。

過去四十年來，醫學有很大的進步，現今普遍認知飲食與生活方式是許多常見疾病的肇因。目前已知有許多因素都會引起乾癬症狀，例如：

- 情緒壓力。
- 喉嚨感染。
- 藥物治療（包含乙型阻斷劑、抗瘧疾藥、布洛芬與鋰鹽等非類固醇抗發炎藥物）。
- 寒冷氣候。
- 皮膚傷口（如刮傷、抓傷）。
- 咖啡因。
- 酒精。
- 抽菸。

• 含脂量高的肉類。

重點是雖然很多人可能都有同樣或類似的症狀，但是病因通常大不相同。至今，許多常見疾病依然是如此。偏頭痛的起因包含眼壓過高、接觸亮光、長時間處於吵鬧的環境、肩膀與下背肌肉緊繃、疼痛、情緒與心理壓力、過敏、食物敏感，甚至是服用一些特定的藥物；可能的病因絕對不只如此，還有許多其他因素也會誘發偏頭痛。

幾年前，我的繼父深受嚴重偏頭痛所苦，醫生開給他各種藥物，其中一些有助於減緩症狀，但他的頭痛仍然每天都會發作。之後，他開始每天記錄頭痛的症狀；他觀察到偏頭痛有一定的模式，也逐漸發現自己特別喜歡的食物——硬質乳酪、紅酒與醃肉——有可能引發偏頭痛。他戒掉這些食物後，幾乎立刻就察覺偏頭痛的頻率沒有之前那麼頻繁，也沒有那麼嚴重了。

他的偏頭痛不再像以前那樣每天發作，一個月只偶爾發作一到兩次。但悲慘的是，他回去詢問醫生，醫生告訴他還是得吃偏頭痛的藥。「為什麼？」繼父問。醫生的答案令他心寒，藥物會引起高血壓，他正在服用其他的藥物作為治療；而目前的服藥方式可保持他血壓的穩定，如果改變用藥可能會造成生命危險。

那時我才二十幾歲，但繼父的經驗讓我在身體保健上有所警惕。每個人都必須注意自己的健康。頭痛時依靠吃藥，並不一定是最明智的舉動。經常服用任何類型（治療任何症狀）的止痛藥、而沒有考量到這些藥物可能正是引發病症的元兇，簡直是愚蠢到了極點。止痛藥不能根治疼痛，只有暫時緩解的作用。舒緩症狀的藥物必然都會造成不良的副作用。長期而言，依賴止痛藥只會讓潛在的病因發展成慢性疾病，而在許多情況下，就像我繼父的例子，藥丸本身正是引起許多健康問題的原因。

如果想克服任何健康問題，就必須從病因著手，而不是光靠吃藥來緩解症狀，而最能夠找出與健康相關（或無關）的因素的人就是病患本身，也就是自己研究自己的健康；要這麼做，只能持續精確地記錄症狀，同時留意飲食與生活型態。無論過敏、消化問題與皮膚病、還是神經系統疾病，健康問題的本質並不重要。想找出病因，目前最有效的方法是每天記錄症狀。

病患記錄發病的症狀，可以為自己與醫生帶來無數好處：

一、病患的參與和控制

書寫症狀日記，可讓病患自己實際參與和控制病症的治療。對許多人而言，記錄症狀、經驗與情緒的過程，具有治療的作用；在這當中，他們會感覺自己擁有權力、在自身的醫療保健上扮演重要的角色。

二、精準度

研究證明，比起嘗試回想症狀與任何相關的因素，病患自己記錄症狀所提供的資料明顯精準許多，也更能幫助醫生判斷病情。

三、節省時間

醫生查看病患的症狀筆記，遠比看診時從患者提供的資訊中擷取重點來得省時。

四、找出潛在的病因

相較於標準的看診，症狀筆記更能突顯可能的病因。

五、節省成本

比起傳統的問診，症狀筆記可以讓醫生更全面地了解患者的病史。這樣一來，病患免去昂貴與不必要的實驗室測試與X光檢查，通常可省下大量的就醫成本。

基於上述原因，有愈來愈多的基礎醫療照護系統採用症狀筆記。就病患而言，在自己的治療計畫中扮演主動且積極的角色具有重大意涵，因為這個方式讓他們擺脫受害者的角色、進入健康研究員的新角色。

如同飲食日記，症狀筆記要能發揮作用，關鍵在於記錄的準確度。因此，寫作飲食日記的規則也同樣適用於症狀筆記。唯一的不同是，病患除了留意飲食之外，也要記錄其他環境與生活方式的因素，例如天氣、壓力程度、日常活動，當然還包括症狀發作的頻率與嚴重性。

你必須記住的一點是，可能要經過好幾個星期、有時是好幾個月，你才會逐漸找出發病的模式。症狀筆記提供實驗新計畫的絕佳機會。你應該檢視已知的潛在病因，戒除任何已經確定與病因相關的食物。如果症狀與壓力有關（通常是如此），可以嘗試各種紓壓活動，譬如冥想、瑜珈或太極拳。有時候，深呼吸與日常運動等非常簡單的活動，也能帶來非常多的助益。你甚至可以試著接受不同的治療，觀察它們產生什麼影響（如果有的話）。

症狀筆記是讓你了解自己適合與不適合哪些保健方式的理想作法。這也是醫學進步的方法——嘗試，觀察結果，然後檢視結果。有時在過程中你需要付出耐心，原因無他，只因為身體會依照自己的時間表運作。正如症狀可能是各種疾病逐漸發展的結果，痊癒

症狀筆記

日期：＿＿＿／＿＿＿／＿＿＿

時間	症狀	嚴重程度	備註

觀察心得：

也是緩慢的漸進過程。這正是症狀筆記的功用，因為事情以緩慢、漸進的步調發生時，我們很難觀察到變化。如果長期做好準確的記錄，這些筆記就會有如相機的鏡頭般聚焦整體的症狀，揭露原本會持續潛藏的問題。

第十七章

策略日記

利用生活日誌發展有效解決問題的策略

「人們可能犯的最危險的錯誤之一，是忘記自己的目標。」

——美國政治家保羅・尼茲（Paul Nitze）

約翰・布蘭斯福特（John D. Bransford）是華盛頓大學的心理學與教育學教授。一九八四年，他與貝瑞・史坦（Barry Stein）共同著作《理想的問題解決專家：促進思考、學習與創意的指南》（*The Ideal Problem Solver: Guide for Improving Thinking, Learning and Creativity*），在書中揭示他們以「IDEAL」五個字母為首的問題解決公式，也就是有效解決問題的五個步驟。

步驟一：找出問題（**I**dentify the problem）。

步驟二：定義問題（**D**efine the problem）。

步驟三：檢視選項（**E**xamine the options）。

步驟四：執行計畫（**A**ct on a plan）。

步驟五：回顧結果（**L**ook at the consequences）。

你會發現布蘭斯福特提出的方法，非常類似本書第一部分中波利亞教授提出的問題解決策略。乍看之下，這兩種方式似乎只有語意上的差別，實際上幾乎也是如此。相較之下，布蘭斯福特將「找出問題」與「定義問題」兩項工作分開，並結合擬定計畫與執行計畫的步驟。就實際目的而言，波利亞與布蘭斯福特的方法是一樣的。不過，其中有一個令人玩味的差異，布蘭斯福特的方法多了「**檢視選項**」的步驟，而這對於解決學術以外的問題特別重要。

波利亞的方法運用了與學術上的學習和研究有關的問題解決策略：推論、歸納、假設與適應這四大工具。然而，這些策略在學術以外的領域並不容易理解或運用。對許多人而言，光是其中的術語就跟北京地鐵的中文版指南一樣複雜難懂。布蘭斯福特提出的

「檢視選項」的方法遠比波利亞的策略容易理解，也更加實用。

> 「大多數的人看到障礙；少數人看到目標；歷史會記錄後者的成功，前者只會遭到遺忘。」
>
> ——阿爾弗雷德・亞曼德・孟塔培（Alfred Armand Montapert）

▼檢視選項

一旦你找出問題、定義問題，布蘭斯福特的「IDEAL」問題解決策略主張，在擬定解決的計畫之前，最好先花時間探索所有可能的解決方法。最能有效思考選項與找出可能的解決方法的技巧，是「可能性思考法」（Possibility Thinking Method，列出十個可能的解決方法）與「心智圖法」（Mind mapping，比前者更為視覺化的方法，用圖畫、影像與文字來說明問題）。

可能性思考法

可能性思考法（也作「假使」〔what if〕與「彷彿」〔as if〕思考法）的策略讓你

得以跳脫「眼前事實」的現實認知，去探索「潛在的可能性」。基本上，運用可能性思考法時，不需要考慮任何實際層面。這是不評判價值觀的腦力激盪活動，常見於多數成功企業的董事會、研究實驗室，以及從幼稚園到研究所的課堂上。可能性思考法廣泛用於激發學習、鼓勵創意與尋找創新的問題解決方法，也非常適合融入個人日記。

暢銷書《逆境不再，強者永在》（*Tough Times Never Last, But Tough People Do*）的作者羅伯特．舒勒（Robert Schuller）博士，解釋他在六十多年前如何接觸到可能性思考法，以及這個方式對他的影響：「多年前，我發現一套解決難題的準則。這套準則從沒讓我失望過。」

一九九五年，舒勒受邀舉家從芝加哥遷居加州，並創立新教會。贊助的教派只承諾以四千美金替教會買下兩英畝（約八千平方公尺）的土地，並且另外資助舒勒五百美金。他們期望舒勒自己出資建造教堂[1]，而且等教堂蓋好，舒勒才能開始布道與募集信眾。舒勒提議，在他籌措到足夠資金可在劃定的土地上興建教堂之前，先在無人使用的會堂中布道；但他的顧問們表示，當地沒有可供借用的會堂或建築。

前往加州的途中，舒勒與妻子和兩個孩子在新墨西哥州阿布奎基（Albuquerque）的一間小餐館歇腳。他在日記中寫道，「現在只剩兩天的時間，我的心思已經飛到加州去了。『那個小鎮一定有空的會堂可用！』」

接著，舒勒做了一件他從未做過的事情。他拿起一張餐巾紙，在反面左邊的方欄中寫下一到十的數字，然後讓自己的「想像力恣意奔馳」。不到幾分鐘，他把可能的解決辦法列成一張清單：

1. 租用學校的建築。
2. 租用共濟會會堂。
3. 向厄爾克思會[2]租用場地。
4. 租用安魂禮拜堂。
5. 租用無人使用的倉庫。
6. 向社區俱樂部租借場地。
1. 向基督復臨安息日會租用場地。
2. 租用猶太教堂。
3. 租用露天電影院。

---

[1] 位於加州橘郡（Orange County）的水晶大教堂（Crystal Cathedral），原屬於美國歸正會（Reformed Church in America，RCA），二〇一〇年教會宣布破產，二〇一二年賣給羅馬天主教會。

[2] Benevolent and Protective Order of Elks，B.P.O.E., 美國慈善愛國團體，成立於一八六八年。

4. 租用閒置的空地、棚架與摺疊椅。

舒勒寫下，「突然間，完全不可能的辦法看起來似乎行得通。瞬間，『不可能』的說詞顯得不負責任、太過極端、保守而且不明智。」

運用可能性思考法時，你必須暫時擱下批判的態度，只管發想創意。舒勒將這個方法稱為「玩可能性思考的遊戲」，而他在職業生涯中也持續採用這個遊戲。後來，舒勒需要籌募一百萬美金以建造希望之塔時，他又玩了同樣的遊戲：

1. 向一個人募款一百萬美金。
2. 分別向兩個人募款五十萬美金。
3. 分別向四個人募款二十五萬美金。
4. 分別向十個人募款十萬美金。
5. 分別向二十個人募款五萬美金。
6. 分別向四十個人募款兩萬五千美金。
7. 分別向五十個人募款兩萬美金。
8. 分別向一百個人募款一萬美金。
9. 分別向兩百個人募款五千美金。
10. 分別向一千個人募款一千美金。

最先向舒勒釋出善意的是一個家庭，他們同意捐獻十萬美金，一次捐一萬。之後，舒勒陸續收到其他捐款，讓他得以實現願景。

一九六八年，舒勒的「希望之塔」正式啟用。舒勒提到可能性思考法時表示，「它比我用過的任何方法都還要能激發創意，讓我能夠解決看似不可能克服的問題。」

心智圖法

心智圖是另一種廣泛使用的工具，經研究證明有助於激發、組織與分類想法。不同於運用標準的文字清單的可能性思考法，心智圖融合了語言、圖像、數字、邏輯、節奏、著色與空間意識等多種技巧，進而活用與刺激大腦的各部位，促進理解力。科學家證實心智圖法可運用在生活幾乎所有面向，通常也能夠帶來極大的好處，包含增進學習成效、使思路變得清晰與提高表現水準。

基本上，心智圖是由單一的概念、想法或點子，向外擴展而成的圖像網絡或圖表。它看起來非常類似樹狀圖（從關鍵概念——作為主體「樹」——出發，聯想相關的對象，使其構成樹的枝葉），或是旭日圖（也稱放射環狀圖，中心概念就像太陽，以放射線與其他相關的項目相連，就像太陽的輻射線一樣）。然而，心智圖不同於樹狀圖與旭日圖，它的繪製具較大的彈性，可以自由調整。

雖然心智圖可能已經沿用好幾千年了，但在現代，「心智圖」一詞最初是由東尼・博贊（Tony Buzan）在六〇年代時發明的。博贊在自己主持的電視節目「動動你的頭腦」（Use Your Head）中，利用以明亮多彩的樹形結構為基礎，並包含圖像與文字的圖表，向觀眾介紹心智圖的概念。

心智圖法是有力的學習工具，可以大幅增進記憶力。研究證明，每五名運用心智圖法的學生中，有四名表示「這個方法有助於理解科學的概念與思想」。另一項針對大學生的研究，也證實心智圖法讓受試者回想過往的能力提升了百分之十（比其他優先的學習方法都高出百分之六十六），效果勝過「閱讀文本、聽課與參與課程討論」。這項研究也做出結論，心智圖法比「撰寫摘要與大綱等有建設性的活動」還有效。

今日，據稱全球各地超過一百個國家中有兩億五千多萬人都在使用心智圖法。《財富雜誌》（Fortune）公布的全球前五百大企業，幾乎每一家都有在營運層面——不論是研發或業務與行銷——運用心智圖法。同時，心智圖也廣泛用於中等學校與大學，因為繪製心智圖的過程已被證實可提升記憶力和注意力、促進創意與分析思考、有助釐清想法與增進策劃技能。也有報告指出，心智圖可以激發動力與建立自信。

「學習如何學習，是人生最重要的技能。」——東尼・博贊

心智圖非常容易繪製。除了無畫線的白紙、彩色鋼筆、鉛筆與想像力之外，你幾乎不需要準備其他東西。不過，博贊解釋，要讓心智圖法發揮最大的效果有七個重要步驟：

1. 從空白頁面的中心開始。這樣可以創造一個平台，向四面八方開展，自由表達想法。
2. 使用圖像或圖片作為主題。從圖像而不是純粹的文字開始，有助於激發想像力。這種方式會讓頁面看起來更有趣，也能幫助你集中注意力。
3. 運用顏色為心智圖增添生命力。如同圖像可以讓人更投入，顏色也能激發創意。
4. 將主要分支(第一層)連結中心圖像，再將第一層的分支連結第二層，依此類推。大腦透過關聯與模式運作。根據每個項目與中心概念的關係來形成連結，有助於理解與記憶資訊。
5. 將分支畫成彎曲狀而不是直線。大腦的神經路徑透過彎曲連結相連。比起直線，曲線會比較吸引人。
6. 每條線或分支只寫上一個關鍵字。單一的字詞能讓你專注在單一的問題上。
7. 在心智圖中一律使用圖像。

心智圖範例

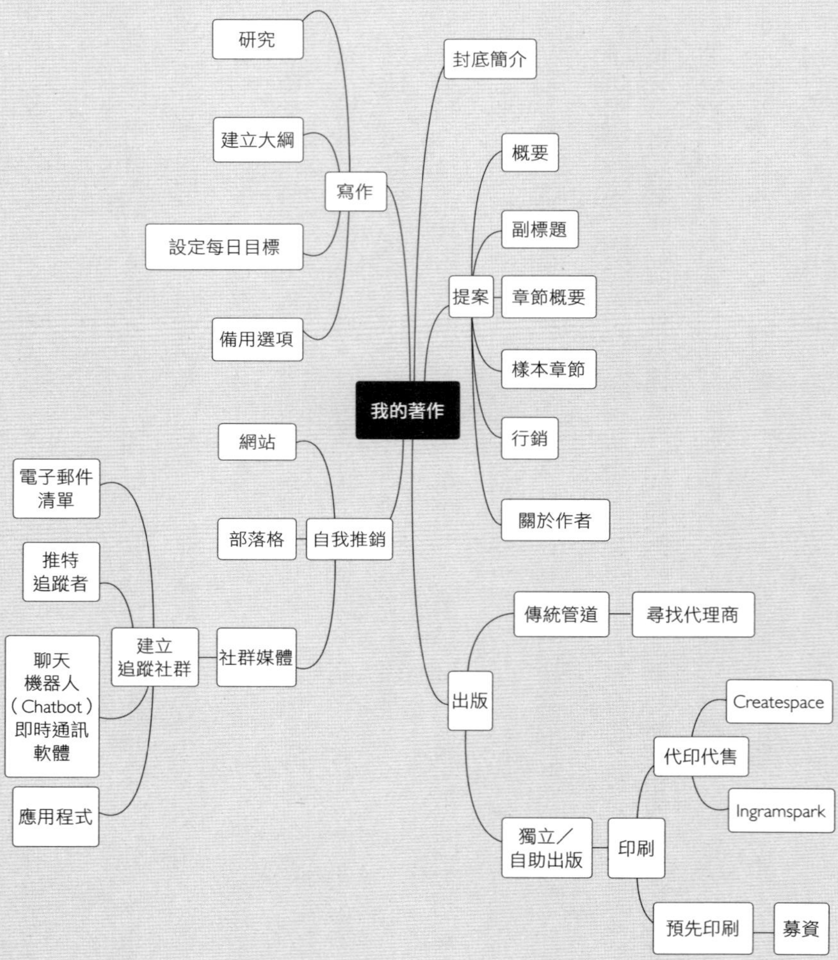

我的著作
寫作
研究
建立大綱
設定每日目標
備用選項
封底簡介
提案
概要
副標題
章節概要
樣本章節
行銷
關於作者
自我推銷
網站
部落格
社群媒體
建立
追蹤社群
電子郵件
清單
推特
追蹤者
聊天
機器人
（Chatbot）
即時通訊
軟體
應用程式
出版
傳統管道
尋找代理商
獨立／
自助出版
印刷
代印代售
Createspace
Ingramspark
預先印刷
募資

如果不考慮視覺障礙者，百分之九十三的人類溝通都是透過視覺進行的。科學家也證實，人類的大腦處理圖像的速度，比處理文字快了六萬倍。基於這種生理機制，心智圖法讓我們比書寫文字還要更快更容易掌握概念與想法。

第十八章

夢境日記

如何記錄與解讀夢境

「夢是迷人、神祕的經驗，值得我們仔細沉思。解讀夢境背後的科學，可以引領我們更加了解睡眠的意義、還有意念本身。」

——美國睡眠專家麥可・布勞斯（Michael J. Breus）博士

寫夢境日記不只可以得到啟發，也能享受樂趣。以下是關於寫作的一些祕訣：

1. 在床邊擺放日記和筆。如果你有心記錄夢境，就得確保自己在睡前及早上起床時隨手就能拿到筆記本。

2. 替日記本夾上閱讀燈，或在旁邊放一枝筆燈，有助於半夜醒來想記錄夢境。

3. 每次寫日記時，先記下當天的日期、與入睡和醒來的時間。簡單記錄自己上床睡覺時的感覺，也有助於解讀夢境。

4. 起床時盡快記下夢的內容，因為大腦很快就會忘記夢境。如果你等到梳洗後或準備早餐時才寫筆記，可能已經忘了夢的內容（或至少忘了細節）。

5. 隨心所欲地書寫，不做評判，誠實以對。回想時不用思考夢境的意義，也不用管文法、拼字與句型。

6. 盡量記下你記得的夢境內容，包括整個經驗、夢境裡的人物、任何象徵、地點、行為與情緒。

7. 單純寫下你記得的內容，不要嘗試編造情節；之後再來思考與解讀夢境。

8. 不要參考解夢指南與字典。你的夢境是由潛意識創造的，通常會反映你清醒時的生活。

9. 替夢境命名或訂定主題。你可以用幾個關鍵字來概述夢境，這樣也能讓你之後更容易辨別與交叉比對夢境。

10. 記錄夢裡最清晰的事物，即使這麼做會讓夢境顯得毫無意義。在夢境的影像與事件慢慢消失之前，你通常沒有足夠的時間完整記錄夢境。

11. 旅行時也帶著夢境日記。你不會因為正在度假或在不同的地方睡覺而停止作夢。
12. 簡短記錄你作夢時的情緒。那場夢讓你有什麼感覺？你上一次清醒時出現這種情緒是哪個時候？

▼解讀夢境

科學家表示，我們作夢時的大腦活動，與日常生活中處理視覺資訊時的大腦活動，非常相似。我們在夢裡觀察事物的方式，幾乎就跟我們清醒時觀察周遭發生的事件一樣。事實上，人在睡覺與清醒時的神經活動非常類似，因此如今夢理學家能夠在受試者睡覺時進行腦部掃描，分析大腦的活動。

日本科學家進行的實驗中，受試者在睡眠期間定時被叫醒，並應要求描述夢境。某些情況下，受試者最多一小時被叫醒十次。過了幾天，研究人員蒐集了充分的資料，能夠預測受試者在夢裡看到了什麼，準確率高達百分之七十五到八十。

如同科學家藉由蒐集資料來了解大腦的哪些部分連結到夢境的特定影像，我們也可

夢境日記範例

夢境日記	
日期	＿＿／＿＿／＿＿
星期	＿＿
睡覺的時間	＿＿：＿＿
起床的時間	＿＿：＿＿
心情／感覺	
夢的主題	
內容	
象徵	
人物／角色	
事件	
感想	

以在夢境日記中建立個人的夢境資料庫，久而久之，便會愈來愈能夠解讀夢境。透過這種方式，人們通常可以觀察到一定的模式，而根據許多人的心得，夢境經常會出現相同的象徵與主題，直到我們發現它們的意義、知道該做何反應為止。

「向外看的人在作夢；往內看的人是清醒的。」

——卡爾・榮格

第十九章

聰明的設定目標

如何利用生活日誌獲得成功與達成目標

「我們的夢想都能實現，只要我們有勇氣去追求它。」

——美國製片人、導演與迪士尼公司共同創辦人華特．迪士尼（Walt Disney）

在本書的第一部分，我們探討了書寫目標對於生活的重要性，並從加州多明尼克大學蓋兒．馬修斯教授的研究中了解，把目標寫下來的人的成功率比其他人高出百分之五十。雖然如此，但是否能夠成功設定與達到目標，端看你如何規劃目標。

「SMART」原則是最受到世界各地的大學與企業青睞的目標設定方法。一九八一年十一月，這個方法在管理顧問喬治．多蘭（George T. Doran）撰寫的文章中首度問世，標題為「設定管理目標的聰明方法」（There's a S.M.A.R.T. way to write management goals and objectives）。在《管理評論》（*Management Review*）月刊中，多蘭闡述企業有效目標設定的策略，提出簡寫為「SMART」的管理原則，他強調設定的目標必須是具體的（Specific）、可量化的（Measurable）、可達成的（Achievable）、相關的（Relevant）及有時限的（Time-related）。一直以來，SMART目標管理原則適用於個人目標的設定，現今也廣泛用於教育、商業與運動領域。

具體的

在所有領域和情況中，目標必須是清楚與具體的。數百項研究證明，擁有特定目標的學生，在課業上的成就遠比沒有目標或目標不明確的同儕還要突出。艾德溫．洛克（Edwin Locke）是目標設定領域的先驅之一。一九六八年，洛克針對十多年前探討目標對表現與結果有何影響的研究，發表詳細評論；洛克歸結，**目標愈困難愈具體，個人就會愈努力去達成**。這份報告發現，「九成研究指出，特定與具有挑戰性的目標，比簡單、『盡你所能』的目標或是完全沒有目標的情況，更能促進表現。」

自此，洛克的發現多次獲得證實，而近年洛克與同事蓋瑞．拉瑟姆（Gary Latham）證明，在企業界，「具體的目標可促成其他正向的組織目標，例如減少缺勤、拖延與人員流動的比率。」

在教育方面，面對特定的目標，學童會更用功、更認真地學習，也會得到比較優異的成績。在個人發展的範疇中，設定困難、具體的目標，也證明可以提升心理的幸福感。如第三章討論的，多數人把追求幸福看成最重要的事。然而，「我只想快樂」這種目標毫無意義，你應該將目標設定為會令你感到快樂的事物。

心理學家表示，設定具體、困難的目標最大的好處之一，是讓我們在過程中感覺更快樂。立定有意義的特定目標，可以激勵我們採取行動。這說明了為什麼美國作家與演說家厄爾．南丁格爾對於成功的定義，不是達到目標，而是「**逐步實現值得的理想**」。或者，就如同以小說《唐吉訶德》聞名的西班牙作家塞萬提斯所寫的：「走在旅途上，勝過待在旅店裡。」當我們朝著值得努力的目標前進便是成功。

以下是「快樂起而行」（Action for Happiness）——致力打造更快樂、更有愛心的社會運動——所分享的觀點，他們建議大家制定個人目標以增進幸福：

「將自己想做的事情設為目標，並且努力達成，是身為人類的重要本分。邁向目標的道路不一定都是平順或輕鬆的，但是擁有目標——無論大小——都是讓生活變得美好的部分原因。目標帶給我們意義和目的、指引我們希望前進的方向，並讓我們專心投入，這些影響都有利於我們的整體幸福。」

如果想設定具體的目標，你需要先回答兩個問題：

我想達成什麼？為什麼？

詳細敘述你想達成的結果是什麼，以及你希望達成這個結果的確切原因。

範例：

「我想變瘦」的目標不夠明確，具體的目標應該是：「我要加入健身房，每週參加三堂一小時的健身課程，把身體質量指數降到二十二，提升活力，讓自己感覺更健康、體態也更好。」

「我要更用功讀書」的目標太模糊也不具任何意義，具體的目標應該是：「我在週一到週五的每個晚上都要用兩個小時寫作業。」

可量化的

成功設定目標的第二個要素是，目標必須是可量化的。如果你可以量測自己的進展，就比較有可能繼續堅持下去，並在指定的時間之前達成目標。知道自己朝目標前進多少、距離還有多少，便清楚自己需要做什麼才能成功。

要判斷自己的目標是否可以量化，你需要思考一個問題：

我要如何知道自己達成了目標？

範例：

無法量化的目標會是「我想減肥」，而可量化的目標則是：「我想在九十天內減掉七公斤。」

「我想要學業進步」，是不可量化的目標；「我這學期想要拿B或更好的成績」才是可量化的目標。同樣的，目標是賺大錢的企業家，與目標是下一季營業額增加百分之五十的企業家相比，成功的可能性較低。

可達成的

我們現在知道，容易達成的目標，不會提升個人表現或帶來重大效益。在公園散步五分鐘，不會使生理或情緒產生像四十五分鐘的快走或慢跑一樣的作用。目標必須困難且具體，才能促進表現，但同時也**必須是可以達成的**。研究顯示，人們大多會為了達到困難的目標而努力工作，但是唯有他們相信自己能夠達成目標時，目標才能發揮效果。基於這些原因，選擇具有挑戰性、同時又是可達成的目標極為重要。如果你認為自己無法成功，或是目標超出你的能力範圍，你的表現就有可能差強人意。因此，應該避免設定不可能達成或是太過困難的目標。

範例：

假如你從未受過健力訓練，那麼在一週內超越健力的世界紀錄的目標，幾乎不可能達成。然而，一週進行三次爆發力訓練的目標，可能有些困難，不過是可以成功的。

每天晚上念書八小時的目標，雖然有可能做得到，但顯然不合理；即使你在六點前回到家，若要達成這個目標，就表示你每天晚上要念書到兩點之後才能上床睡覺；相對的，週間的每個晚上花三小時念書的目標，需要的是努力與毅力，但這是你做得到的。

相關的

目標應該是有意義且相關的，也就是說，它們應該與目的有關。你為什麼想達到目標？幫助個人、企業進行培訓或規劃的生活教練總是這麼說：「做事的理由比方法更重要。」知道自己為什麼堅持朝目標前進，比任何其他因素都重要。因為如果我們沒有「理由」，便容易失去尋找「方法」的動力。此外，我們也應該根據主要目標，來設定相關的次要目標。

範例：

如果你的主要目的之一是減重（譬如十五公斤），你可能會專注在與這個目的相關的目標上，像是改變飲食、寫作飲食日記與一週運動三到四次。

倘若你的主要目的是學習一種新語言，那麼目標就會包含空出時間從事有利於此的活動，例如上課、進行會話練習、閱讀書籍和雜誌，以及觀看這個語言的電視節目。

有時限的

最後很重要的是，設定**達成目標的時間與日期**。假如沒有定下時間表，目標只不過是空想而已。它不會激勵你，也不會提升你的表現。不會有任何事情改變。如果你想減掉九公斤，你想在何時做到？假使你的答案是「某一天」，這個目標是行不通的。然而，一旦你替具體目標設定時限，譬如「我要在一月底前戒菸」或是「我要在三月底前瘦到六十公斤」，這麼一來，你的潛意識會知道你是認真的想達到目標。

唯有當你設定具體、可量化、可達成、相關的，且有時限的目標，生活才會開始出現重大變化。

> 「夢想就只是夢想。目標是有計畫與期限的夢想。」
>
> ——美國行銷專家哈維・麥凱（Harvey MacKay）

根據 SMART 原則設定的目標
具體目標：我到底想要達成什麼？
可量化的目標：我要如何知道自己達成了目標？
可達成的目標：目標是否可以達成？
相關的目標：目標是否與我的主要目的有關？
有時限的目標：目標何時需要達成？

第二十章

感恩日記

如何利用感恩日記提升幸福

「感恩的心讓我們懂得敬畏，使我們得以在日常生活中頓悟，那些超然的偉大時刻，永遠改變我們如何感受生活與世界的方式。」

——英國詩人 約翰．米爾頓（John Milton）

本書的第一部分裡，我們發現最能提升幸福感的因素是養成感恩的態度。我們學到對生命中擁有的事物懷抱感激之情，是決定我們在任何時刻有多快樂、以及——更重要的——一生會有多幸福的主要因素。我們也發現感恩不會遺傳，而是需要後天培養的特質。好消息是，感恩的態度很容易、而且很快就能養成，其中的祕訣就在於正向心理學家所謂的「感恩日記」。

寫感恩日記幾乎肯定可以大幅提高幸福的程度。研究指出，我們只要定時在日記裡寫下三到五件讓自己感恩的事情，就能使生活的快樂程度至少提高百分之二十五。而且，如果快樂生活的誘因不足以激發你寫感恩日記的動機，科學家還發現了其他好處。

哥倫比亞大學的研究人員表示，感恩可以提升免疫系統的功能，也證明可以降低焦慮與憂鬱的感受。在哈佛大學，對照研究顯示，感恩可以促進身心健康與鞏固人際關係。史丹佛大學的學者發現，書寫感恩日記可讓學生的壓力程度減少了百分之二十七。加州大學柏克萊分校的研究則歸結，書寫感恩日記的學生的睡眠品質提升，生病的頻率也減少。另外，耶魯大學的研究發現，感恩日記與反應速度、熱情、決心、專注力以及活力的增加有關。

感恩日記可為慢性病患者帶來一些好處；例如，有研究指出神經肌肉疾病的成年患者每天寫作感恩日記，連續三週後，對於生命的態度變得樂觀、睡眠品質提升、正面情緒增加，也感覺人際關係更緊密了。學者們注意到研究的受試者中，每週或每天書寫感恩日記的人，在心理與生理上得到的助益遠遠多於沒有寫感恩日記的人。

感恩日記除了適用成人，也能對兒童發揮效果。二〇〇三年，《人格與社會心理學期刊》（*Journal of Personality and Social Psychology*）中的一篇論文指出，研究請兩百二十一名六、七年級的兒童「知福惜福」，每天空出時間寫下感謝的事物。結果根據這些兒童的敘述顯示，他們更懂得感激、變得更樂觀、對生活感到較滿足；而後續的追蹤問卷也突顯感恩日記有助於促成更快樂的上學經驗。

「人們都喜歡細數煩惱，卻不會計算快樂。如果人們可以像天性那樣認知自己擁有的快樂，便會發現每一個煩惱的背後都有其美好之處。」

——俄羅斯作家杜斯妥也夫斯基（Fyodor Dostoevsky）

感恩日記是最強大、最能改變人生的個人發展工具。它可以幫助我們改變思考與看待生活的方式。寫作感恩日記並不難。方法如下：

一、列出生活中令你感恩的三到十件事

這份清單可以包含任何事情，譬如經驗、情況、財產或人際關係，任何你認為以某

種方式豐富生活的事物。你可以在清單中盡情敘述感恩的事情與詳細內容。

二、不要重複記錄

感恩日記的內容可以涵蓋大家往往視為理所當然的日常事物，像是關愛你的家人與朋友、陽光灑在臉上的感覺、乾淨的水與新鮮的空氣、熱水澡、舒適的床、有人替你做飯，或甚至是有遮風蔽雨的家。但是，盡量不要在清單中重複列出相同的事物。你在每一個清單中寫下的三到十件事情都應該不同，才能發揮最大的效用。如果重複書寫，我們對這些事物就會容易習慣成自然，不會懂得感恩。

三、記錄「如何」與「為什麼」

近期研究發現，如果我們不只列出感謝的事物，也寫下感恩的原因與結果，感恩日記便可帶來更深遠的影響。

- 我為什麼會感謝這件事？
- 為什麼會發生這件美好的事情？
- **它對我的生活有什麼影響？**

經過證明，回答這些問題「格外有幫助」，因為這麼做會讓你不只思考感謝的事物，也反省這些事物的起因，了解它們為你的生活帶來哪些益處。

例如，在感恩日記中採用簡單的填空寫作模式（我感謝＿＿＿＿，因為＿＿＿＿）的人，感受到的快樂與幸福會遠遠多於單純寫下感恩的事情而不加任何說明的人。

你開始寫感恩日記時，也許會覺得列出感謝的事情並不容易，就連寫出五件事情都很困難。然而，如果你遇到瓶頸，也只是意味著這個練習對你更具重要性。想像一下，假如你的生活沒有基本的公用資源——日用水、電力、食物、飲水與醫療，會是什麼樣子；你感謝的事物也可包含健康、天氣、朋友等等。

以下列舉一些例子：

- 我感謝我的家人，因為他們無條件地愛我與支持我。
- 我感謝有乾淨的自來水可以喝，因為世界上有超過半數的人家裡沒有乾淨的飲水。
- 我感謝自己的身體健康，因為如果沒有健康的身體，生活會很困難。
- 我感謝自己從事的工作，因為它帶來收入。
- 我感謝自己能夠行走，因為這讓我可以輕鬆自由地旅行。
- 我感謝自己擁有一張舒適的床，因為它讓我一覺好眠。
- 我感謝網路的發明，因為它讓我可以跟世界各地的親朋好友聯絡感情。

今天，我感謝：

• ________，因為________

• ________，因為________

• ________，因為________

隨著時間過去，你會逐漸發現自己的態度有所轉變。你的潛意識會在每天的生活中尋找值得感謝的事物。不出幾個星期，會出現另一個變化；你會更加感激生命中的所有人、事、物，而且不知不覺中變得比之前更快樂更滿意自己的生活，或許感覺比以往都還要幸福。你會脫胎換骨，而只要你繼續寫日記，將能永遠保持這樣的改變。

第二十一章

時間管理模板

如何透過生活日誌來管理時間與提高生產力

「把明天待辦的重要事項寫下來。現在，依照實際重要性將他們依序排列。明天早上的第一件事，就是先處理編號1的工作，專心處理直到工作完成為止。接著，以相同的方式處理編號2的工作，然後是編號3的工作，依此類推。如果你無法完成清單上的所有事項，不用擔心，至少你在處理比較不重要的事情之前，已經先做完最重要的工作了。」

——艾維李

雖然時間管理的模板多不勝數，但至今最簡單也最有效的依然是艾維李提出的方法，也就是我們在本書的第一部分介紹過的時間管理術。仿照艾維李的時間管理法建立一個時間表非常容易，而且只要一本簡單、有畫線的筆記簿就可以完成。你需要做的只有列出明天的六個目標，然後預留空間，以便之後書寫評論與備註。

必須注意，艾維李的時間管理術**不是**用於規劃每日行程的工具；市面上有很多標準的日記（紙本與數位）可用來安排會議、電話與約會。

艾維李的時間管理法單純針對目標。你每天最重要的六個目標全都衍生自一週的目標；而一週的目標，取決於未來一個月與一年的目標。依此來說，時間管理模板完全依照你的生活或事業目標而定。

▼如何運用艾維李的時間管理法

艾維李的時間管理法簡單易懂，而且十分容易運用。在每天工作結束後，寫下隔天最重要的六項工作。你可以在每項工作的旁邊加上簡短的註記或評論，寫完之後，你就可以盡情享受接下來的時間了！花時間陪伴家人、看書、看電影、寫作、打電動，還有做自己想做的事。你無須擔心工作或自己的目標，因為你已經安排好所有該做的工作。

隔天早上，你開始工作時，待辦清單已經備妥，就能夠有條不紊地依序處理清單上的事項，直到完成所有工作或是下班為止。有時候，你可能會在工作時突然接到電話、需要開會，或是必須立刻回覆電子郵件。發生這種情況時，你可以先處理急迫的事情，之後再回來繼續完成工作。

一天結束後，當天無法完成的工作，通常會變成隔天的第一要務，除非那些工作基於某種原因不再重要。

艾維李的時間管理法最棒的一點是簡單明瞭，它與一長串、看來令人喘不過氣的清單不同，純粹針對一天的六個主要目標；而這個數目或許有點困難，卻是有可能達到的。值得注意的另一點是，這套時間管理方法鼓勵大家在工作與生活中取得平衡。艾維李明確建議，在一天的工作結束後，拋開所有公事，花時間陪伴家人與朋友。在他的方法中，確保自己在工作之外擁有個人生活相當重要。如我們從蔡格尼效應所學到的，工作以外的時間，除了讓你可以做其他事情之外，也能讓潛意識在你的注意力集中在別處時，繼續思考尚未解決的問題。

比起在當天早上規劃行程，這種在一天結束時做計畫的方法，有幾個好處；像是在工作結束後，我們可以比較放鬆，因為知道隔天開始工作時，已經有計畫在等著我們。

艾維李的時間管理範本

時間管理表	日期 ______／______／______
1. 備註／評論： ______________________________	☐
2. 備註／評論： ______________________________	☐
3. 備註／評論： ______________________________	☐
4. 備註／評論： ______________________________	☐
5. 備註／評論： ______________________________	☐
6. 備註／評論： ______________________________	☐

另外，結束一天的工作後，我們較能專心思考哪些是重要的事情，進而更實際地安排一天之內可以完成的工作。

艾維李的時間管理術雖然簡單，卻蘊含力量與妙處。方法愈簡單愈容易實行，我們也愈能堅持不懈，而毅力正是擁有成功生活的關鍵。

爲生活設定目標

「不要漫無目的地過生活，應該要立定目標。我相信這是人生最重要的課題之一，而且我們越快找到目標，對人生越有幫助。」

——暢銷書《擁有越少，越幸福》（*The More of Less: Finding the Life You Want Under Everything You Own*）與《找到生活目標的實用指南》（*The Helpful Guide to Living an Intentional Life*）作者約書亞・貝克（Joshua Becker）

二〇一三年一月五日，住在比利時、六十七歲的M女士開車前往布魯塞爾火車站接朋友。這段路程應該頂多一個半小時，但M女士的朋友等了好幾個鐘頭，一直不見她的人影。接下來的四十八小時，M女士沒有任何消息。M女士的兒子擔心她的安危，向當地警察報案。在比利時警方全面發出搜索令之前，幾名警探從銀行帳戶交易追查到M女士的行蹤——她在克羅埃西亞的札格雷布（Zagreb）市，距離比利時將近一千五百公里。

M女士原本正在前往布魯塞爾火車站、只有大約一百五十公里的路程上，最後怎麼會反方向跨越半個歐洲、到了一千五百公里外的地方呢？她沒有受到騷擾，也沒有遭人綁架或拐騙。M女士接受警方訊問時，說她將目的地輸入衛星定位導航系統後就跟著路線走，除此之外什麼都沒解釋。她說，「那時候我心不在焉。」一開始，衛星定位導航系統指引她往南走，儘管布魯塞爾就位於她居住的城鎮艾諾厄奎林（Hainault Erquelinne）北方約一百五十公里處，但她還是對導航系統深信不疑。M女士完全沒有意識到自己走錯方向，繼續跟著導航指引的路線前進，跨越德國的邊界。她想必有看到德文的路標，但仍繼續沿著設定的路線前進，往南進入奧地利；中途有停頓，但只是為了加油，直到天黑才找地方過夜。

雖然這聽來不可思議，她在途中甚至還在異國發生小車禍，但她仍然繼續照著預先設定的導航路線走，經過奧地利、再到斯洛維尼亞。她一直到進入克羅埃西亞境內、注意到當地的路標，才發現自己可能走錯路了！M女士的故事聽來荒謬至極。原本大約一百五十公里的旅程（應該不用九十分鐘就到得了），怎麼會有人開著開著，中途還失蹤四十八小時，最後橫越四個國家、往反方向走了一千五百多公里？

平心而論，M女士不是第一個因為衛星定位導航錯誤而迷路的人，當然也不會是最後一個。二〇一六年二月的某天清晨，一名年輕的加拿大女子利用衛星導航系統試圖在霧濛濛的安大略基奇納市（Kitchener）找路時，直接沿著放船的斜坡道開進休倫湖。幸好她及時爬出車外，幸運逃過一劫；當時她雖然全身泡在冰冷的湖水裡，但還有力氣游了五十公尺回到岸邊。

二〇一二年，三名日本觀光客到澳洲旅遊，開車跟著衛星導航的路線走，結果一路駛進太平洋。當時，他們正前往北斯特拉布魯克島（North Stradbroke Island），位置就在東部城市布里斯本的附近。根據報導，這群遊客的衛星導航系統並未偵測到北斯特拉布魯克島與澳洲本島之間有距離約十五公里的水域。他們順著導航路線開上一條起初是柏油碎石、到後來全是砂石的道路；砂石路面再變成泥土路，他們完全沒注意到周遭的環境，就這樣掉進了太平洋。

聽完這些故事，大多數的人都會搖頭苦笑，感到難以置信。怎麼會有人開車時失神到往目的地的反方向走，一路經過四個國家、開了一千五百多公里？你能想像自己完全無視於周遭環境，將車子直直地朝河裡或海裡開去嗎？很難相信有人會如此漫不經心，但事實上，很多人每天都處於不斷分心的狀態下。

在日常生活中，我們太容易不加思索就跟隨某事或某人的引導，這是因為周遭的所有事物都是為了吸引我們的注意而存在，因此會讓我們無法專心進行手邊正在做的事。

這個現象從我們早上起床就開始，很多人直到上床睡覺時才擺脫不斷分心的狀態。

你早上做的第一件事是什麼？使用智慧型手機的人超過八成會在起床後的十五分鐘內查看手機。調查顯示，一般人會在吃早餐、刷牙、甚至上廁所前，先查看社群媒體的貼文、以及讀取電子郵件和簡訊。

在新數位時代裡，我們成了科技的囚犯，一天有高達二十二個小時都緊緊守著智慧型手機，一有訊息或鈴聲就立刻回應。別人期望我們隨時都有空，不分晝夜；我們也覺得自己必須立刻回覆在電子郵件、手機簡訊與社群媒體的貼文。按讚、分享、粉絲、瀏覽與追蹤的人數，成為夢寐以求的社交貨幣，讓我們用來評估自我與他人的價值。

在美國，一般人每天花五小時坐在電視前面，花四點七小時滑手機。歐洲乃至於所有已開發國家也大致都是這種情況。百分之四十二的人會在吃飯時滑手機；四成的人在晚上睡覺時聽到鈴響會醒來檢查手機；雖然令人不敢置信，但有百分之六十二的女性與百分之四十八的男性承認，自己曾在性愛過程中查看手機。

事實上，每個人大多時候都不知道要去哪裡、要做什麼或是周遭發生什麼事。我們不經思考或漫無方向地過生活，彷彿處於恍惚狀態。其實，任何人在任何一天有無數時候都可能——也確實——會像M女士、加拿大基奇納市的女子與那群日本遊客一樣，心不在焉。

我們醒著過生活，但很少有意識清醒的時候；每天，我們依照相同的既定作息生活；行屍走肉地做家事和工作，卻沒有仔細思考為什麼要做這些事。我們有大部分的時間都是無意識的，沒有意圖或目的，而這主要是因為我們很少花時間觀察與反省自己的生活，或者根本沒有這麼做。相反的，我們漫不經心，任由長久以來養成的習慣控制自己，即便我們試圖脫離這樣的模式，也很少做得到。

直到某天，我們醒來照鏡子時幾乎認不得自己；這時我們才會環顧周遭，發現自己變成了什麼模樣、在生活中做了什麼事，我怎麼會變成這樣？時間是怎麼過的？這些年我在想什麼？

「每天早上我會問自己：我的目的是什麼？我的意圖是什麼？今天我想成為怎樣的人？」

——以色列意識教練茲波兒．梅茲里克（Tsipor Maizlick），TED x Jerusalem（2015.05.08）

二〇〇九年五月，我登上停泊在直布羅陀碼頭的三十九英呎遊艇，與兩位朋友和一名來自當地英國皇家遊艇協會認證學校的教練一同航向地中海。我們結束了日間船長的培訓課程，其中包含六天的密集航行訓練及最後的筆試。我們沿著安達盧西亞（Andalusian）海岸航行，橫跨北非、在西班牙休達港（Ceuta）停靠，然後往南航行至摩洛哥東岸的斯米爾港（Smir）。

這趟為期一週的海上旅程雖然累人，但是非常值得；它讓我們學會如何在潮水中航行。我們必須考量所有的自然因素，包含潮汐、風向與地球磁場。這段日子充滿了考驗航行能力的實際任務，我們每天都必須設定目的地、規劃航線與辨別方向，無時無刻都在預測潮汐時間、風速與洋流方向。

最後一天晚上，我們停泊在摩洛哥東岸，一邊迎著山巒間的落日餘暉，一邊喝著咖啡、欣賞高低起伏的海岸線。直到那時，我們才得知最後的任務。太陽一下山，我們就接到指令，必須連夜橫越地中海到索托格蘭德港（Sotogrande）。這個任務有一項規定，就是我們不得使用衛星定位導航，只能靠地圖、指南針與航海日誌辨別方向。

這是非常艱困的挑戰。幾天前，月亮週期才剛開始，因此月光黯淡。我們望著烏漆抹黑的前方，沒人知道是否能夠找到方向。

你看得見前方時，可以輕易從A點前往B點。然而在海上航行，你必須考慮一些變數；你可以朝一個方向前進，但是洋流或風向的變化，可能會導致船隻最後抵達的地點，距離預定目的地有好幾公里遠。白天，你可以看到明顯的航點，也就是浮標與燈塔，等到靠近海岸時，你可以清楚看見目的地。不過，在晚上航行，除了星星之外，幾乎沒有任何東西可以指引方向。因此，航行的全程，船長必須不斷查看航行距離、估算船隻的位置與方向，並且記錄旅程中發生的事件。

橫越地中海，有點像是穿越高速公路，當中形形色色的車輛駛往四面八方。船隻川流不息，即便到了晚上也是如此，而你只能靠燈光來識別船隻。每一艘船的左舷都裝有一盞紅燈，右舷有一盞綠燈。這兩盞燈與其他燈號可表明船隻的大小與類型，當然還包括航行方向。

我與兩位朋友輪流擔任船長。每個人掌舵時，都獨自做決定與記錄航海日誌。大多數的晚上，我們會一起航行，不做任何交談，因為我們依規定不得討論航程。唯一打破沉默的那次，是我們在凌晨約一點半時發現一群海豚跟隨在遊艇旁游動。牠們的背鰭在月光下閃閃發亮，映爍紫綠色的光芒，以驚人的速度跳出水面又躍入海中。那一幕讓我們永難忘懷。

過了五個半小時多，我們終於抵達索托格蘭德港。大家都精疲力竭，卻也難掩興奮。對於艱難的一週而言，這是充滿挑戰性的結尾，讓我們不僅累積航行的知識，也學到人生的道理。我們學會了團隊合作、面對與克服恐懼，以及設定與達成目標。但是，從這次航程裡學到的人生課題中，最令我印象深刻的事情之一是航海日誌的重要性。如果沒有它，我們早就迷航，無法在最後一晚順利歸來。直到那時我才明白，生活日誌之於人生，如同航海日誌之於船員。

「我們不是注定重蹈自己的覆轍。我們可以改變經驗留下的影響，但必須先認清它們，才能挑戰它們。我們對於人際關係的期望與想法來自於之前的經驗，因此若想擁有更健康的人際關係，我們必須先理解這些經驗。」

——格蘭登協會[1]研究與教育部主任麗莎・費爾史東（Lisa Firestone）博士

神經科學家指出，我們做的每一個決定，都是取決於基因組成、生物化學機制與人生經驗的神經回應。我們做的每一件事與說的每一句話，都是對一連串情況的回應。這並不意味著人生是預先決定好的，只是表示我們對於任何情況的回應早已預定。我們會養成習慣、行為模式，但這些只不過是對任何已知的刺激物所做出的無意識回應。這些模式在客觀的旁觀者——如朋友、家人、同事或受過訓練的治療專家——眼中顯而易

1 The Glendon Association，位於美國加州，致力於心理健康與社會問題。

見，我們自己卻完全察覺不到。

我們是自我生活的演員；很少處於旁觀者的角度。我們有多少次聽到別人說，「要是你可以看到自己的樣子就好了」、「要是你可以聽聽自己說的話就好了」；心理學家指出，多數人只看自己想看的、聽自己想聽的。唯有當我們退一步、真心觀察與反省自己的生活，才能更清楚地看見自己與周遭的環境。

為了有所改變與擺脫習慣，我們需要更了解自己的生活、更仔細地觀察自己的想法與行為，以及更加留意周遭的環境與人們。許多人意識到這個需求，透過冥想與正念來增進對於所作所為及背後原因的意識，但就如我們在本書所看到的，生活日誌經研究證明是最能提升自我意識的工具。

生活日誌真正的價值正是如此；它讓我們能夠停下腳步，觀察與記錄重要的事情，即便只有片刻的時間。它幫助我們反省生活的目的與更加了解人生的目標。但是，生活日誌不僅於此，對於許多人而言，它是我理清生活方向的必要夥伴，尤其是在艱困難熬的日子裡。

本書從頭到尾，我試圖強調寫作生活日誌帶來的許多益處。我們在前面的章節中看到，生活日誌可明顯促進所有生活面向的科學證據。生活日誌具有強大力量，能夠徹底改變我們的身心健康、改善慢性疾病、緩解疼痛、減少壓力與強化免疫系統；它還有助於預防與克服憂鬱，大幅增進工作與長期記憶。此外，我們也知道生活日誌可以促成人際間更親密、更具意義的長久關係。

我們還學到生活日誌可以大幅提升我們在各方面的表現，不論是工作或玩樂，養成寫日記習慣的人往往比其他人更有生產力。這正是生活日誌的力量，因此許多頂尖的職業運動員認為，生活日誌是他們在追求卓越的過程中，不可或缺的利器。更重要的是，如我們已經知道的，如果正確寫作生活日誌，通常可以讓實現夢想與抱負的機會增加五成。

對我而言，最能說服人們開始寫作生活日誌的理由，是它可以使我們有意圖或目的地過生活。藉由生活日誌，我們會更注意自己與周遭的人，更了解自己與人生的方向。如果沒有生活日誌，我們會發現自己就像基奇納市的M女士和那群日本觀光客一樣，幾乎沒有意識或目標、渾渾噩噩地過日子。我們任由環境與情況支配，時常發現自己不知何去何從、一籌莫展或陷入困境，如同無人掌舵的船隻。

我相信，人生只有一回。沒有人知道自己能活多久或是將會面臨哪些挑戰。我們能夠確定的是，如果想給自己最好的機會去擁有開心、健康與有意義的生活，便需要為生活設定目標，而生活日誌已被證明比任何其他的工具還能有效幫助我們這麼做。

亞當・傑克森是國際知名的治療師、勵志講師、企業家與作家，著有《人生的四大祕密》（*The Secrets of Abundant Health, Wealth, Love & Happiness*）系列叢書與《挫折的力量》（*The Flipside：Finding the hidden opportunities in life*）。他的著作在全球各地發行，至今已譯成三十多種語言。

亞當於一九六二年在英國薩塞克斯（Sussex）出生。一九八三年畢業於南安普頓大學（University of Southampton），獲得法律學士學位；之後取得初級律師資格並在倫敦執業。三年後，亞當決定離開法律界，投入自然療法領域。

一九九五年，他開始替《護理時報》（*Nursing Times*）與《健康守護者》（*Health Guardian*）寫作專欄文章，報導替代性治療與輔助醫療的最新發展及研究。二〇〇一年，亞當受邀擔任英國輔助醫療協會（British Complementary Medical Association）的代表，之後英國參議院特別委員會正式認證替代性與輔助醫療在基礎醫療照護的地位。

亞當曾參加許多全國性電視節目，包含英國的早安電視台（Good Morning Television，GMTV）節目、第四頻道（Channel 4）的「豐盛早餐」（The Big Breakfast），以及英國廣播公司第一頻道（BBC1）製播、由羅勃特・克洛伊（Robert

Kilroy-Silk）主持的節目；北美地區則包含加拿大廣播公司電視台（CBC）的「健康之道」（The Health Show）與「迪妮．珮蒂脫口秀」（The Dini Petty Show）。他也曾登上英國媒體版面，像是《週日快報》（*Sunday Express*）、《英國今日報》（*TODAY*），還有《*GQ*》與《健康這裡找》（*Here's Health*）雜誌。除了寫作之外，亞當也設計行動與網路商業應用程式。他積極倡議動物權利、奉行素食，修習合氣道與太極拳，也熱愛滑雪、划船、網球與近距離魔術。此外，他還是英格蘭足球超級聯賽的球迷，終生支持曼徹斯特聯隊。亞當現與妻子凱倫（Karen）以及小孩蘇菲（Sophie）和山謬（Samuel）定居英國赫特福德郡（Hertfordshire）。

作者的聯絡方式

進一步認識亞當．傑克森，訂閱加入他的貴賓名單，就能收到他的新聞、最新消息與專屬優惠網站：http://adamjjackson.com

推特：https://twitter.com/adamjjackson

臉書：https://www.facebook.com/adamjohnjackson

加入亞當．傑克森的貴賓俱樂部，就能收到獨家的新聞、最新消息與優惠活動，還有機會搶先閱讀他的新作。

如欲加入俱樂部，請至：http://adamjjackson.com/vip-club/

第一章 價值三千萬美元的日誌

Visualisation in athletic performance: Newmark, T. (2012). Cases in visualization for improved athletic performance. Healio, 42(10).

The psychology of change: self-affirmation and social psychological intervention. Cohen GL1, Sherman DK.Rev Psychol. 2014;65:333-71.

Does mental practice enhance performance? Driskell, James E.,Copper, Carolyn, Moran, Aidan. Journal of Applied Psychology, Vol 79(4), Aug 1994, 481-492

Expressive Writing: Connections to Physical and Mental Health. Pennebaker, J. W., & Chung, C. K. (2012). In The Oxford Handbook of Health Psychology Oxford University Press. DOI: 10.1093/oxfordhb/9780195342819.013.0018

Kathleen Adams quote taken from Journal To The Self. Grand Central Publishing (1 Jan. 1990)

Hirschmüller, Albrecht. The Life and Work of Josef Breuer: Physiology and Psychoanalysis. New York: New York University Press, 1989.

Prolonged Exposure Therapy for PTSD: Therapist Guide Emotional processing of traumatic experiences (Treatments That Work) by Edna B. Foa. Paperback – Oxford University Press (22 Mar. 2007)

The psychology of change: self-affirmation and social psychological intervention. Cohen GL1, Sherman DK. Annu Rev Psychol. 2014;65:333-71. doi: 10.1146/annurev-psych-010213-115137.

Cases in Visualization for Improved Athletic Performance. Thomas Newmark, MD. Psychiatric Annals. 2012;42(10):385-387

From mental power to muscle power--gaining strength by using the mind. Ranganathan VK1, Siemionow V, Liu JZ, Sahgal V, Yue GH. Neuropsychologia. 2004;42(7):944-56.

第二章 走出憂鬱

Writing About Feelings May Beat Talking. New York Times March 7, 1991 http://www.nytimes.com/1991/03/07/health/writing-about-feelings-may-beat-talking.html

Randomized Controlled Trial of Expressive Writing and Quality of Life in Men and Women Treated for Col-

orectal Cancer
Stephen J. Lepore, Tracey A. Revenson, Katherine J. Roberts, Julie R. Pranikoff, and Adam Davey. Psychol Health. 2015 Mar; 30(3): 284–300
Links in the Chain of Adversity Following Job Loss: How Financial Strain and Loss of Personal Control Lead to Depression,
Impaired Functioning, and Poor Health. Richard H. Price, Jin Nam Choi, and Amiram D. Vinokur. Journal of Occupational Health Psychology. 2002, Vol. 7, No. 4, 302–312.
An everyday activity as a treatment for depression: the benefits of expressive writing for people diagnosed with major depressive disorder. Krpan KM1, Kross E, Berman MG, Deldin PJ, Askren MK, Jonides J.J Affect Disord. 2013 Sep 25;150(3):1148-51.

第三章 追求幸福

World Happiness report 2013
Genes, Economics, and Happiness. Jan-Emmanuel De Neve et al. Journal of Neuroscience, Psychology, and Economics. American Psychological Association 2012, Vol. 5, No. 4, 193–211
The How Of Happiness: A Practical Guide to Getting The Life You Want Paperback by Sonja Lyubomirsky Piatkus. 4 Feb 2010
Psychology of Happiness. Fordyce, Michael (1993). Cypress Lake Media. p. 2. ISBN 9780060394363.
The Promise of Sustainable Happiness Julia K. Boehm and Sonja Lyubomirsky. The Oxford Handbook of Positive Psychology. Jul 2009
Character strengths and virtues: A handbook and classification. Peterson, Christopher; Seligman, Martin E. P. (2004) Oxford University Press.
Learned Optimism: How to Change Your Mind and Your Life. Martin E.P. Seligman. Vintage Books USA (1 Jan. 2006)
Reason and Emotion in Psychotherapy: Comprehensive Method of Treating Human Disturbances. Ellis, A. Revised and Updated. New York, NY: Citadel Press (1994).
13 Things Mentally Strong People Don’t Do: 13 Things Mentally Strong People Avoid and How You Can Become Your Strongest and Best Self. Amy Morin. Harper Thorsons. 15 Jan 2015.
Gratitude as a Psychotherapeutic Intervention. Robert A. Emmons and Robin Stern. JOURNAL OF CLINICAL PSYCHOLOGY: IN SESSION, Vol. 69(8), 846–855 (2013)

第四章 筆的力量比藥丸還強大

Confronting a traumatic event: toward an understanding of inhibition and disease. Pennebaker JW, Beall SK. J Abnorm Psychol. 1986 Aug;95(3):274-81.

Effects of writing about stressful experiences on symptom reduction in patients with asthma or rheumatoid arthritis: a randomized trial. Smyth JM et al JAMA. 1999 Apr 14;281(14):1304-9.

Expressive writing and wound healing in older adults: a randomized controlled trial. Koschwanez HE et al. Psychosom Med. 2013 Jul-Aug;75(6):581-90.

Putting stress into words: health, linguistic, and therapeutic implications. Pennebaker JW1.Behav Res Ther. 1993 Jul;31(6):539-48.

第五章 捕夢網

I Believe a Dream Saved My Life: A Tale of Breast Cancer Detection. Huffington Post 08/21/2014

The Stubborn Scientist Who Unraveled A Mystery of the Night. Chip Brown Smithsonian Magazine. October 2003.

The Interpretation of Dreams. Sigmund Freud. Originally published: 4 November 1899

第六章 寫作減重法

Statistics on Obesity, Physical Activity and Diet. NHS Digital. 30 March 2017

A Proposal of the European Association for the Study of Obesity to Improve the ICD-11 Diagnostic Criteria for Obesity Based on the Three Dimensions Etiology, Degree of Adiposity and Health Risk. Hebebrand J et al.Obes Facts. 2017;10(4):284-307.

Medicare’s search for effective obesity treatments: diets are not the answer. Mann T. Am Psychol. 2007 Apr;62(3):220-33.

Dieting does not work, UCLA researchers report. Stuart Wolpert. http://newsroom.ucla.edu/releases/Dieting-Does-Not-Work-UCLA-Researchers-7832. April 03, 2007

Kaiser Permanente. “Keeping A Food Diary Doubles Diet Weight Loss, Study Suggests.” ScienceDaily. ScienceDaily, 8 July 2008.

第七章 邁向成功

Outliers: The Story of Success Malcolm Gladwell. Penguin (24 Jun. 2009)
The Virgin Way: Everything I Know about Leadership. Sir Richard Branson. Portfolio (9 Sept. 2014)
Richard Branson does it again: the flight of the floppy-haired super-entrepreneur. Evening Standard. Thursday 17 October 2013
Unlimited Power. Anthony Robbins. Ballantine Books (1987) - New edition Unlimited Power: The New Science of Personal Achievement. Simon & Schuster UK.(2 Jan. 2001)
Learning By Thinking: How Reflection Improves Performance. Giada Di Stefano, Francesca Gino, Gary Pisano & Bradley Staats. 11 APR 2014. https://hbswk.hbs.edu/item/learning-by-thinking-how-reflection-improves-performance
Thinking About Giving, Not Receiving, Motivates People to Help Others. https://www.psychologicalscience.org/news/releases/thinking-about-giving-not-receiving-motivates-people-to-help-others.html

第八章　時間的主宰者

Charles Schwarb story - Mackenzie, Alec (1997) [1972]. The Time Trap (3rd ed.). AMACOM - A Division of American Management Association. pp. 41–42 & Lead the Field (unabridged audio program), Nightingale, Earl (1960), “Session 11. Today’s Greatest Adventure”.
A review of the time management literature. Brigitte J.C. Claessens et al. Personnel Review Vol. 36 No. 2, 2007 pp. 255-276.
Time Diary and Questionnaire Assessment of Factors Associated With Academic and Personal Success Among University Undergraduates. Darren George PhD et al. Journal of American College Health. Volume 56, 2008 - Issue 6

第九章　會改變的記憶

You Have No Idea What Happened. The new Yorker. Maria KonnikovaFebruary 4, 2015.
The Myth of Repressed Memory: False Memories and Allegations of Sexual Abuse. Elizabeth Loftus. St. Martins Press-3PL. Sep 2000.
A neural mechanism of first impressions. Schiller, Daniela et al. Nature Neuroscience. 12 (4): 508–514.
Memory Is Inherently Fallible, And That’s a Good Thing. Susan Young Rojahn. M.I.T. Tech Review. October 9, 2013

第十章　學習的過程

Characteristics that lead to Student Success. Deborah L. Crawford, Ed.D. Texas A&M University-Commerce, 2006.

Crawford, C. C. "Some experimental studies of the results of college note-taking," Journal of Educational Research, 12, 1925, pp. 379-386.

A new reason for keeping a diary. Siri Carpenter. American Psychological Association. September 2001, Vol 32, No. 8.

Learning to use fractions: Examining middle school students' emerging fraction literacy. Journal for Research in Mathematics Education 39(3):281-310 · May 2008.

Mathematical Literacy: Journal Writing to Learn Problem Solving. Loretta Ohnemus. Omaha, Nebraska. University of Nebraska-Lincoln. July 2010.

The Freedom Writers Diary: How a Teacher and 150 Teens Used Writing to Change Themselves and the World Around Them. Broadway Books; Underlined, Notations edition (15 Jan. 2010)

Diary of a Freedom Writer, Garrett, Darius, 2013, Tate Publishing.

第十一章　問題所造成的問題

The Flipside: Finding the hidden opportunities in life. Adam J Jackson. Business Plus (4 Feb. 2010)

Zeigarnik 1927: Das Behalten erledigter und unerledigter Handlungen. Psychologische Forschung 9, 1-85.

Forgetting of intentions in demanding situations is rapid. Einstein, Gilles O et al. Journal of Experimental Psychology: Applied. 9 (3): 147–162

The effect of Task interruption and closure on perceived duration. Greist-Bousquet, S., Schiffman, N.Bulletin of the Psychonomic Society, 30(1), 9-11.(1992)

Achievement Motivation and the Recall of Incompleted and Completed Exam Questions. Johnson, P.B., Mehrabian, A., Weiner, B.Journal of Educational Psychology, 59(3), 181-185.(1968)

When Trouble at Home Becomes Trouble in the Office. Minda Zetlin. Inc.com. July 2013

Stars, producers and even CEOs are flocking to these "intuitive counselors" in search of personal and business advice. The Hollywood Reporter. May 2013.

How to Solve it: A New Aspect of Mathematical Method. George Polya. Penguin Science. 26 Apr 1990

第十五章 飲食日記

Women tell 474 lies a year about their diet. Daily Telegraph 06/01/2012

The Power of the Written Word: Keeping a Food Diary. Caroline Gick. Huffington Post. 06/10/2012.

第十七章 策略日記

The Ideal Problem Solver: Guide for Improving Thinking, Learning and Creativity. John D. Bransford, Barry S. Stein. W.H.Freeman & Co Ltd; 2nd Revised edition edition (15 Feb. 1993)

Tough Times Never Last, But Tough People Do. Schuller, Robert Harold. Orient Paperbacks,India; 1st Edition edition (30 Oct. 2006)

Use Your Head: How to unleash the power of your mind. Tony Buzan. BBC Active (5 Aug. 2010)

第十八章 夢境日記

Scientists read dreams: Brain scans during sleep can decode visual content of dreams. Mo Costandi. 19 October 2012

SMART Goals; George Doran. A.M.A. Forum Nov 1981 pp35 -36.

第二十章 感恩日記

Counting Blessings Versus Burdens: An Experimental Investigation of Gratitude and Subjective Well-Being in Daily Life. Robert A. Emmons & Michael E. McCullough. Journal of Personality and Social Psychology 2003, Vol. 84, No. 2, 377–389

Counting blessings in early adolescents: An experimental study of gratitude and subjective well-being. Jeffrey J. Froh. Journal of School Psychology 46 (2008) 213–233.

Gratitude and well-being: A review and theoretical integration. Alex M. Wood et al. Clinical Psychology Review. 17 March 2010

結語 為生活設定目標

GPS failure leaves Belgian woman in Zagreb two days later. Daily Telegraph. 13 Jan 2013.

Japanese tourists blame satnav after being stranded in Australian mangrove swamp at high tide. Daily Mail. 16 March 2012

國家圖書館出版品預行編目資料

拿起筆開始寫,你的人生就會改變/亞當.傑克遜(Adam J. Jackson)
著；張馨方譯. -- 二版. -- 臺北市：商周出版：英屬蓋曼群島商家庭傳媒股份有限公司城邦分公司發行, 2025.07
面；　公分. -- (ViewPoint；95)
譯自：The life journal：how a notebook & pen can change everything.
ISBN 978-626-390-595-5(平裝)

1.CST: 自我實現 2.CST: 寫作法

177.2　　114008030

ViewPoint 95

拿起筆開始寫，你的人生就會改變（暢銷改版）

The Life Journal: How A Notebook & Pen Can Change Everything

作　　者／亞當・傑克遜（Adam J. Jackson）
譯　　者／張馨方
企畫選書／彭子宸
責任編輯／彭子宸

版　　權／吳亭儀、江欣瑜、游晨瑋
行銷業務／周佑潔、賴玉嵐、林詩富、吳淑華
總 編 輯／黃靖卉
總 經 理／賈俊國
發 行 人／何飛鵬
法律顧問／元禾法律事務所王子文律師
出　　版／商周出版
台北市 115 南港區昆陽街 16 號 4 樓
電話：(02) 25007008　傳真：(02)25007759
E-mail：bwp.service@cite.com.tw
發　　行／英屬蓋曼群島商家庭傳媒股份有限公司城邦分公司
台北市 115 南港區昆陽街 16 號 8 樓
書虫客服服務專線：02-25007718；25007719
服務時間：週一至週五上午 09:30-12:00；下午 13:30-17:00
24 小時傳真專線：02-25001990；25001991
劃撥帳號：19863813；戶名：書虫股份有限公司
讀者服務信箱：service@readingclub.com.tw
城邦讀書花園 www.cite.com.tw
香港發行所／城邦（香港）出版集團
香港九龍土瓜灣道 86 號順聯工業大廈 6 樓 A 室 _ E-mail : hkcite@biznetvigator.com
電話：(852) 25086231　傳真：(852) 25789337
馬新發行所／城邦（馬新）出版集團【Cite (M) Sdn Bhd】
41, Jalan Radin Anum, Bandar Baru Sri Petaling, 57000 Kuala Lumpur, Malaysia.
電話：(603) 90578822　傳真：(603) 90576622

封面設計／廖韡
內頁排版／林曉涵
印　　刷／中原造像股份有限公司
經 銷 商／聯合發行股份有限公司　新北市231新店區寶橋路235巷6弄6號2樓
電話：(02) 29178022　傳真：(02) 29110053

■ 2018 年 10 月 08 日一版一刷
■ 2025 年 07 月 01 日二版一刷

Printed in Taiwan

ISBN 978-626-390-595-5　　eISBN 978-626-390-593-1 (EPUB)
定價 380 元

城邦讀書花園
www.cite.com.tw